AF360647

BIBLIOTHÈQUE DU PROGRÈS AGRICOLE ET VITICOLE

AMPÉLOGRAPHIE ITALIENNE

RÉDIGÉE PAR LE

COMITÉ CENTRAL AMPÉLOGRAPHIQUE ITALIEN

AVEC LA COLLABORATION

DES

COMMISSIONS DES PROVINCES

Traduit de l'Italien

PAR

L. RAVAZ

Aux Bureaux du *Progrès agricole et viticole*, MONTPELLIER
et VILLEFRANCHE (Rhône)

Le Comité central Ampélographique est actuellement composé de :

MM. Le Comte Joseph de Rovasenda, représentant le Piémont, la Ligurie et une partie de la Lombardie, *Président*.

Le Commandeur François Lawley, représentant l'Italie centrale Méditerranéenne et la Sardaigne.

L'Ing. Cerletti, représentant la Venétie et une partie de la Lombardie.

Le Prof. Rosi Roggiero, représentant l'Italie centrale Adriatique.

Le Comm. Nicolas Miraglia, représentant la province de Rome et le Ministère de l'Agriculture.

Le Comm. prof. Froio, représentant les Provinces méridionales.

Le Baron Antoine Mendola, représentant la Sicile, *Membres*.

AMPÉLOGRAPHIE ITALIENNE

CANAIUOLO NERO COMMUN

SYNONYMIE. — **Cagnina** dans les Marches. — **Canaiuola**
dans le Luquais.

Localités où ce cépage est cultivé. — Le *Canaiuolo nero* se cultive dans toute la Toscane. C'est une des principales variétés qui entrent dans la composition des vins de cette contrée et notamment dans le vin de Florence et dans celui de Chianti ; sa culture va en s'étendant. Dans la préparation de ces vins on l'associe au San Giveto et au Malvoisie, ou au Trebbiano.

Notions générales sur ce cépage et sur ses aptitudes. — Il préfère la culture en hautains, associés aux arbres. Sa production n'est pas régulière, ni égale toutes les années, elle devient assez réduite quand la plante est tenue en souche basse et taillée à courson. — Excellente variété pour vin de table ; néanmoins elle doit être associée avec d'autres, parce que seule elle produit un vin trop âpre, trop coloré, et qui en vieillissant prend un goût trop amer. Dans le Florentin, le raisin de ce cépage est très apprécié pour améliorer le vin, et dans ce but, on le fait passeriller pendant quelques jours, sur des claies, dans un lieu convenable.

Le *Canaiuolo nero* a un débourrement normal, une végétation de vigueur moyenne, des pousses touffues et résistantes à *l'oïdium*, mais il demande des soufrages soigneusement faits. L'exposition qui lui est la plus favorable est celle du midi et du levant, il préfère les terrains argilo calcaires. Il se cultive en lignes avec cultures intercalaires ou en vigne pleine.

Quand on le soumet à la culture mixte, on le conduit à toute hauteur associé aux arbres ; en vigne basse, on le soutient avec des échalas, des roseaux ou des fils de fer sur des pieux ; dans la culture mixte, l'arbre qui le soutient est l'érable (*Acer campestre*) et l'ormeau (*Ulmus campestre*). Si l'on veut obtenir de la production, il convient de conserver la branche à fruit plutôt longue, et l'éperon ou corne (courson) ; si l'on veut maintenir la souche vigoureuse, il convient de le tailler court. La floraison est tardive, de la première à la seconde décade de juin. La jeune grappe avant de s'épanouir est recouverte d'un duvet abondant, hérissé et soyeux ; on ne rencontre dans sa conformation aucun caractère particulier, elle est clairsemée au moment où elle noue, mais la jeune grappe dans son développement progressif se caractérise et prend sa forme normale. Après une année d'abondante récolte, il porte seulement des grains gros comme la *passolina*.

Il mûrit dans la première décade d'octobre. Bien que sa culture ait été négligée autrefois à cause du peu d'abondance de sa production, elle a repris ces derniers temps de l'importance et va en s'étendant tous les jours.

Description. — *Souche* vigoureuse. *Sarments* de moyenne force, légèrement rugueux et striés, peu volumineux, un peu durs à la taille ; à l'état herbacé, d'une belle couleur verte striée de couleur rosée ; à l'état ligneux, de couleur noisette, plus colorés vers les nœuds. Nœuds gros, saillants, colorés en rouge. Mérithalles longs de 6 à 8 centimètres. Bourgeons gonflés, saillants, arrondis, non tomenteux, les jets qui en sortent sont seulement légèrement velus lorsqu'ils sont à l'état herbacé. *Bourgeonnement* très cotonneux, folioles à demi développées blanchâtres à cause de la grande quantité de duvet qui les recouvre, avec le bord coloré d'une belle teinte rosée. *Vrilles* déliées, bifurquées ou trifurquées, rougeâtres. *Feuilles* adultes régulières, de moyenne grandeur, d'un vert intense, teintées en automne d'un jaune clair avec des taches rosées ; consistantes, légèrement rugueuses et bullées, quelque peu ondulées, repliées en cornet vers la page inférieure. La face inférieure très tomenteuse, douce au toucher, de couleur vert clair cendré ; quinquelobée avec les lobes inférieurs à peine marqués ; sinus latéraux elliptiques étroits et arrondis au centre, peu profonds ; ceux de la base ouverts et coniques avec les bords inférieurs superposés ; denture large, peu profonde, à peine mucronée ; nervures saillantes, serrées, ramifiées, légèrement colorées de rouge à la base. Pétiole long, presqu'autant que la nervure médiane, de moyenne grosseur, coloré aussi d'une belle couleur rouge.

Grappe conique, un peu allongée, légèrement ailée, serrée, quelquefois lâche, de moyenne grosseur ; rafle ramifiée, d'un vert clair ; pédoncule robuste, ligneux près de son insertion sur le sarment, plutôt court ; pédicelles courts, de couleur d'un vert clair. — *Grains* moyens ou sur-moyens, presque ovales, à peau mince, coriace, d'un noir violacé, pruinés, non sujets à la pourriture ; pulpe juteuse, molle, à saveur simple, douçâtre, acidulée. Graines au nombre de une à quatre.

Analyse du moût. — Les analyses du moût ont été exécutées conformément aux instructions du Comité central ampélographique. Pour déterminer le glucose, on a fait usage de la liqueur de Fehling, et pour doser l'acidité de la liqueur titrée de Babo.

Voici la moyenne des analyses répétées pendant trois années dans les mêmes conditions :

Densité...................... $108 = 21.66\,\%$
Glucose...................... $21.02\,\%$.
Acidité...................... $6.73\,\%_{00}$.

Vin. — Le *Canaiuolo nero* donne un vin très coloré et qui a beaucoup de corps ; mais, en vieillissant, il prend un goût amer un peu trop prononcé.

VERDICCHIO BIANCO

Province d'Ancône : **Verdicchio bianco, verdea, Trebbiano bianco**
—   de Pesaro : **Verdicchio bianco, Verdicchio.**
—   de Macerata : **Verdicchio bianco. Verdicchio vero, peloso.**
—   d'Ascoli : **Verdicchio bianco, Verdicchio giallo.**

Localités où ce cépage est cultivé. — Pour les Marches, c'est le meilleur et le plus estimé de tous les cépages à raisins blancs. Il ne manque point dans les autres régions ; jusqu'à présent on l'a rencontré dans les Abruzzes, dans l'Ombrie, dans la Romagne, et même dans le Frioul, mais en petite quantité. On ne connaît pas l'époque à laquelle il fut importé, toutefois il paraît très ancien dans les provinces des Marches, où il est cultivé indistinctement dans tous les sols et à toutes les expositions.

Notions générales sur ce cépage et sur ses aptitudes. — On fait rarement des cultures séparées de ce cépage. On le marie fréquemment à l'érable *(Acer campestris)*, appelé vulgairement *oppio*, rarement à l'orme *(Ulmus campestris)* ou *bidollo :* il est généralement conduit sur de bas treillages, soutenu par des roseaux ou des échalas, associé à d'autres cultures, quelquefois seul en vigne pleine. Il ne présente pas une grande force de végétation, mais on ne peut le ranger parmi les variétés chétives. Au printemps le débourrement est normal ; il en est de même de la floraison et de la maturation du raisin. La grappe noue facilement en donnant peu de grains avortés.

Pour la qualité, on donne la préférence aux vignes maintenues sur les treilles ; pour la quantité, à celles qui sont élevées sur l'érable. Il produit moins dans les terres légères et à l'exposition du midi, mais son fruit y est plus savoureux et plus sucré ; dans les terres argileuses qui prédominent dans les Marches et où la production est plus abondante il est moins exquis, mais encore de bonne qualité.

Dans les mêmes conditions climatologiques, cette variété ne donne pas une égale quantité de raisins toutes les années. On estime que sa production est généralement alternante, et on dit que la vigne veut du repos. C'est pour cette raison qu'elle n'est pas très répandue, bien qu'elle soit une des variétés les plus estimées.

La grappe résiste suffisamment à l'humidité, beaucoup mieux à la sécheresse ; les grains sont bien adhérents aux pédicelles, ils ne se fendent pas et ne sont que difficilement attaqués par les insectes, par suite de la résistance de la peau. Elle peut se conserver longtemps sur la plante ; cueillie, on la conserve habituellement suspendue dans les habitations, comme raisin de table pour l'hiver. Elle craint l'oïdium.

Le Verdicchio est surtout un raisin de cuve ; les baies, à leur maturité, ayant une saveur sucrée assez prononcée et agréable, il donne des vins fins. Il est utilisé pour faire des vins mousseux, et on le recherche surtout pour la fabrication du vin dit *Santo*. Dans les moûts obtenus avec les mélanges ordinaires, il convient très bien pour améliorer le jus des raisins pulpeux et aqueux, en leur donnant le sucre et une agréable saveur.

Le type le plus répandu est à grappe conique, allongée, ailée, plus ou moins serrée, de couleur vert-jaunâtre.

Description. — *Partie ligneuse.* — *Sarments* de couleur noisette, rugueux, rayés, de moyenne grosseur, à moelle peu abondante ; *les nœuds* sont assez rapprochés, peu renflés. *Bourgeons* non tomenteux, assez gros, peu saillants.

Partie herbacée. — *Bourgeonnement* cotonneux, unicolore, les jeunes feuilles moyennement développées sont d'une couleur vert clair, glabres ; *vrilles* peu nombreuses.

Feuille de moyenne dimension, plutôt consistante, aplatie, quinquelobée, avec le lobe du milieu allongé, cordiforme, les lobes de la base à peine indiqués. Sinus de moyenne profondeur, elliptiques, étroits, les deux supérieurs fermés, les inférieurs ouverts. Page supérieure glabre, un peu rugueuse, de couleur vert sombre. Page inférieure recouverte d'un léger duvet plus abondant près des nervures, lesquelles sont saillantes et teintées de rouge à leur insertion ; le bord est à denture peu profondes tendant à l'aigu. Pétiole cylindrique, de couleur verdâtre, avec une légère teinte rosée, généralement plus long que la nervure médiane. Ces feuilles persistent longtemps sur la plante et prennent avant de tomber, à la fin d'octobre ou dans les premiers jours de novembre, une couleur jaunâtre.

Grappe conique, allongée, ailée, de couleur jaune-verdâtre ; pédoncule court, vert-jaunâtre. *Baies* de grosseur moyenne, à peu près sphériques, à peau coriace et si pruineuse qu'elle leur donne des reflets opalins ; pulpe un peu croquante, charnue, à saveur simple et douce. *Graines* au nombre de deux, petites. Les baies sont attachées par des pédicelles verdâtres plus courts que leur diamètre longitudinal, de sorte qu'elles constituent généralement une grappe serrée, où leur forme est souvent altérée, leur volume restant toujours à peu près constant.

Analyse du moût. — Les données sur le moût du Verdicchio proviennent de 44 analyses faites dans 10 stations des provinces des Marches et répétées dans plusieurs localités de 1874 à 1878. On ne trouve pas de différence bien marquée entre une année et l'autre, ni entre les vignes sur érable et celles maintenues basses sur des échalas ou des cannes. Une bonne exposition du midi, ainsi que la nature silico-calcaire plutôt qu'argileuse du terrain, ont donné les meilleurs résultats ; il n'en est pas moins vrai cependant que, récolté à d'autres expositions et dans des terrains compactes, il a encore donné des produits de bonne qualité. Des bords de la mer, des vallées des fleuves jusqu'au sommet des collines subapennines, ce cépage a toujours répondu à sa renommée. Sauf dans quelques situations exceptionnelles par leur climat, la maturation du Verdicchio commence dans la dernière décade de septembre, pour atteindre son maximum dans la dernière décade d'octobre et se continuer dans la deuxième.

La moyenne générale du glucose en poids est environ de 20 pour 100 de moût ; elle est comprise entre un maximum de 26,70, obtenu dans les collines de Castelfidardo le 3 octobre 1876, et un minimum de 15,90 obtenu à Iési le 21 septembre 1873.

La moyenne de l'acidité totale est de 0,886 pour 100, en poids ; elle est comprise entre un minimum de 0,398 obtenu à Macerata, et un maximum de 1400 obtenu à Fabriano en 1876.

La densité moyenne est de 1,059 ; elle varie de 1,115, maximum observé à Castelfidardo en 1875, à 1,059 minimum constaté à Pesaro en 1876.

Vins. — A l'exposition des Marches et des Abruzzes qui eut lieu en 1872, douze échantillons de vin de Verdicchio divisés en deux grouppes furent analysés. La plupart étaient mousseux. Voici les résultats :

1° *Verdicchio dit de table.*		2° *Verdicchio liquoreux aromatique.*	
Densité......	0,9962 ;	Densité..................	1,00231
Alcool........	11,5 entre 11 et 12 ;	Alcool...................	11,5 ;
Glucose......	1,6 entre 1,2 et 2,0 ;	Glucose.................	2,25 ;
Acidité.......	0,75 entre 0,72 et 0,83.	Acidité.................	0,71.

En 1875, plusieurs analyses de vin de Verdicchio furent exécutées dans le laboratoire de chimie de l'École des Arts-et-Métiers de Fabriano. Les échantillons provenaient de Fabriano même et d'Arcevia, localité située dans la région de l'Apennin. La proportion d'alcool s'est élevée de 0,98 à 13,04, pendant que l'acidité variait de 0,065 à 0,96. Quelques-uns de ces vins avaient été fabriqués avec ces soins particuliers que l'on donne aux vins de luxe.

On trouve enfin dans des travaux analytiques faits à la Station agricole de Forli en 1876, après l'exposition ampélographique à laquelle furent expédiés de nombreux échantillons de vins fabriqués selon les indications du Comité central ampélographique, que, dans six échantillons examinés, la proportion d'alcool a varié de 10,4 à 13,6. L'acidité s'est élevée de 0,4641 à 0,8437, et les matières extractives de 7,628 à 10,020.

Ces résultats montrent que si le Verdicchio mélangé à d'autres variétés peut donner de bons vins mousseux, il est surtout destiné à fournir des vins blancs fins ou de table finement parfumés et à saveur aromatique agréable.

Et quand les habitants des Marches seront bien persuadés que la qualité est généralement préférable à la quantité, ils pourront avoir, en donnant plus d'extension à la culture de ce cépage, surtout dans les terres un peu argileuses des coteaux, et en fabriquant des vins de la deuxième catégorie, un intéressant article d'exportation qui actuellement fait défaut.

BARBERA

SANS SYNONYME

Localités où ce cépage est cultivé. — Il n'est pas fait mention de ce cépage dans les écrits des auteurs anciens de l'Italie Centrale et Méridionale. On doit en conclure que dans les temps passés sa culture était limitée au Piémont, où il a été signalé pour la première fois en 1600 par Giovanni Battista Croce, joailler de S. A. R. le duc de Savoie, dans son traité sur les vins de la montagne de Turin. Le professeur Milano, puis Gallesio qui en donne le dessin dans sa Pomone, le marquis Incisa et autres, le décrivirent plus tard.

La province d'Alexandrie et plus particulièrement les arrondissements d'Asti et de Casale sont les points les plus anciens de la culture de cette variété, qui est probablement la plus importante de toutes celles du Montferrat. « Elle se trouve dans presque tous les vignobles du Monferrat et dans beaucoup d'autres du Piémont, mais elle est surtout cultivée en grand dans les territoires de Portacomore et de Moncalve et sur toutes les belles collines qui unissent l'Astigiano au Casalasca ». Ainsi écrivait Gallesio, il y a 40 ans, et il en est encore de même aujourd'hui.

Notions générales sur ce cépage et sur ses aptitudes. — Grâce aux nombreuses qualités qui le distinguent dans la vinification, la culture de ce cépage s'est répandue dans une foule de régions parfois assez lointaines. En France, il a reçu les éloges du comte Odart, l'auteur de la célèbre ampélographie, et de M. Pellicot, président du comice agricole de Toulon, lesquels jugèrent utile de le multiplier.

Ses avantages consistent spécialement dans la grande quantité de jus qu'il fournit, relativement aux rafles et autres matières de déchet, dans la forte vinosité et la bonne saveur de son moût. Aussi la culture de ce cépage, qui s'est déjà étendue au-delà des limites de sa province, est-elle devenue, en comparaison de celle des autres variétés, une des plus lucratives, par suite du prix élevé de la récolte au moment de la vendange ; elle tend chaque jour à s'étendre davantage, même dans ses lieux d'origine.

Dans les terrains calcaires, surtout s'ils sont légers, la production de la *Barbera* ne peut égaler celle de la *Fresa*, du *Grignolino* et d'autres cépages qui lui sont alors préférés.

Ce cépage, sans être d'une force de végétation exceptionnelle, est toutefois d'une bonne fertilité dans les terrains forts et substantiels qui lui sont appropriés, mais alors, ainsi que toutes les variétés assez fertiles, il réclame l'aide du cultivateur pour ne pas dégénérer et s'affaiblir.

Une particularité du moût de la *Barbera* est d'être ordinairement pourvu d'une forte acidité (10 à 11 $^o/_{oo}$), qui est due en grande partie au bitartrate de potasse ; mais comme ce dernier précipite pendant la fermentation, le vin, après son entière transformation, n'en retient pas outre mesure. Dans quelques cas spéciaux de vinification, la qualité des produits peut conseiller une fermentation plus courte ou la séparation d'une partie de rafles.

« Le vin de ce cépage, dit Gallesio, est vermeil, généreux, spiritueux ; il s'améliore en vieillissant et prend le sec des vins de rôti.

» Les distillateurs en obtiennent en grande quantité de l'alcool, qui est préféré à celui des autres variétés du Piémont ; et les négociants en vins l'utilisent avec avantage pour améliorer les vins faibles et leur donner de la couleur ». Et le marquis Incisa : « Ce raisin donne abondamment un jus dense, très avantageux pour la vinification ; seul il produit un vin généreux assez coloré, et de longue conservation lorsqu'il est bien clarifié ».

Dans les arrondissements d'Asti et de Casal, on rencontre des exemples de différents systèmes de culture auxquels cette vigne est soumise, de la taille la plus courte à la plus longue, excepté cependant la culture sur les arbres, qui ne paraît pas lui convenir. Pour cette variété, comme en général pour la majeure partie des vignes, la taille courte est celle qui donne les meilleurs produits ; c'est elle que l'on devra lui appliquer, à moins que des circonstances spéciales n'obligent à procéder différemment.

On ne doit pas admettre plusieurs variétés de Barbera, parce que les expériences faites jusqu'à présent en plantant dans les mêmes conditions de climat et de sol ces prétendues variétés à gros grains et à petits grains, à pédoncule vert et à pédoncule rouge, n'ont donné qu'un seul et même cépage ou des cépages différents auxquels on avait donné par erreur le nom de *Barbera*. On doit cependant continuer les recherches dans ce sens, afin d'obtenir pleine certitude à cet égard. La comparaison seule des sarments expédiés de diverses régions avec leurs grappes et leurs feuilles n'est pas toujours suffisante pour établir une identité parfaite et enlever tous les doutes.

Description. — *Partie ligneuse.* — *Souche* vigoureuse, fertile, surtout dans les terrains argileux des coteaux, où elle est peu sujette à l'Oïdium. *Sarments* de couleur noisette claire, à moelle assez abondante, avec les bourgeons assez espacés, peu gros, mais cotonneux et presque arrondis.

Partie herbacée. — *Bourgeonnement* non hâtif, lanugineux, vert, légèrement rosé au sommet ; les jeunes feuilles moyennement développées sont d'un jaune pâle presque semblable à la chlorose.

Feuilles plutôt grandes, d'un beau vert clair ; quelques-unes sont teintées d'amarante sur les bords, en été ; d'autres, parmi celles de la base du sarment, prennent d'assez bonne heure une teinte terne ou rouge bronzé sur toute leur surface, ce qui constitue un caractère particulier de cette variété ; glabres à la page supérieure, cotonneuses à la page inférieure ; quinquelobées, à sinus supérieurs arrondis plus larges et plus profonds que les sinus inférieurs. *Sinus* pétiolaire fermé ou assez étroit. *Lobes* latéraux supérieurs divergents. *Denture* plutôt large et courte. *Grappe* rameuse, pyramidale, parfois presque cylindrique, lâche. *Pédoncule* long, brun ; rafle verte ou brune.

Baies olivoïdes, sur-moyennes, d'un beau noir violacé pruineux, douces à saveur vineuse légèrement âpre, peu convenables pour la table, arrivant à maturité du 15 au 30 septembre, peu sujettes à la pourriture. *Pédicelles* rouges lorsque la maturité est avancée.

Analyse du moût. — Une analyse très soignée du moût de la *Barbera* faite à la station agricole de Turin donna pour 1000 parties en poids de grappes, 978 parties de baies et 22 de rafle ; 1000 parties en poids de baies donnèrent 936 parties de moût et 42 d'enveloppes et de graines.

Densité 1,0882 à 20°,5 centigrades. Un litre du même moût dosait : acidité 12.75 ; matières extractives 224 gr. 5 ; cendres 3 gr. 00 ; glucose 200 gr. 0. Il est à remarquer toutefois que le lieu de provenance des grappes analysées était plutôt favorable à la production des acides qu'à celle du glucose.

Vin. — Le vin de *Barbera* a obtenu de nombreuses distinctions dans les concours œnologiques, et pendant deux années consécutives, il a remporté le premier prix sur tous ceux exposés aux foires de Turin.

MALVASIA LUNGA

SYNONYMES.

Malvasia verace...................... San Marsanno.
Malvasia lunga...................... Barletta, Molfetta.
Malvasia del Chianti............... Toscane.
Zante bianca .... Piémont.

Localités où ce cépage est cultivé. — Aucun cépage, en Italie, n'est aussi répandu que la Malvasia lunga, On la trouve dans les régions les plus diverses : dans les provinces de Lecce, de Basilicata, de Foggia, de Bari, en Toscane, notamment dans le Chianti, et jusque dans l'Italie septentrionale sous le nom de Zante. Le nom de Malvoisie semble désigner un raisin parfumé, à saveur musquée un peu amère ; celui-ci, au contraire, est à saveur simple. Mais comme en France, en Espagne et en Allemagne, plusieurs raisins à saveur simple sont appelés Malvoisie, on ne peut guère réserver ce nom aux variétés parfumées ; on devra donc nécessairement l'employer indistinctement pour les unes ou pour les autres.

Dans les Pouilles (Bari) ce cépage est habituellement cultivé sans soutien en vigne basse exclusive, quelquefois associé à d'autres cultures. Dans la Province de Basilicata, il est cultivé jusque dáns des régions élevées et froides, où la grappe atteint difficilement une parfaite maturité. Dans la Province de Lecce, au contraire, dans des localités plus méridionales et mieux exposées, elle s'enrichit d'une quantité de glucose qui s'élève souvent au-dessus de 28 $_{0}/^{\circ}$. Dans la Toscane, la vallée de Chianti est peut-être la région où ce cépage est le plus cultivé ; il est néanmoins connu et apprécié dans toutes les autres régions, et sa culture va en s'étendant de plus en plus.

Mélangé, à la vendange, dans la proportion de 2/10 avec des raisins noirs, il améliore d'une façon très remarquable les vins rouges, en leur donnant la légèreté, une couleur un peu plus claire mais toujours vive, et l'agréable arome qui distingue les vins toscans. On trouverait difficilement un autre raisin plus convenable pour l'usage qui vient d'être indiqué.

Dans quelques parties de la Toscane, la Malvoisie longue est cultivée en vigne basse exclusive. Associée à d'autres cultures, elle est le plus souvent conduite à toute hauteur sur les arbres (*acer campestris*, en général), on en déduit qu'elle s'accommode de tous les systèmes de taille. On doit cependant lui appliquer, de préférence, la taille courte, qui donne des grappes plus volumineuses et arrivant plus facilement à maturité, surtout dans des conditions défavorables.

Quoique généralement utilisée pour la vinification, la Malvasia lunga est aussi conservée comme raisin de table. Ce cépage a été répandu dans l'Italie septentrionale par quelque établissement horticole sous le nom de Zante, ce qui donne lieu de croire qu'il est aussi cultivé dans les îles de l'Archipel Grec.

Notions générales sur ce cépage et sur ses aptitudes. — Dans les terrains calcaires notamment, la Malvasia lunga se montre d'une force de végétation et d'une fertilité à toute épreuve, dépassant dans les dimensions de ses sarments et de ses fruits la plus grande partie des autres variétés auxquelles on la trouve associée. Elle atteint une bonne maturité dans la troisième décade de septembre, lorsqu'elle est cultivée aux bonnes expositions. Aussi dans les Provinces Méridionales elle convient très bien aux régions chaudes et sèches; sa production y est suffisante. Comme elle est cultivée associée à d'autres cépages blancs, elle intervient rarement seule dans la vinification.

Ce n'est pas seulement l'abondance, mais encore la certitude de sa production qui rend cette variété précieuse; car bien que le débourrement et la floraison aient lieu de bonne heure, sa fructification est rarement compromise par les gelées et les froids tardifs. Par contre, elle est assez sujette à l'oïdium et réclame des soufrages soigneusement faits.

Description. — *Sarments* de grosseur moyenne, lisses, peu durs à la taille, teintés de rouge violacé, plus foncé à la base, à l'état herbacé; d'une belle couleur noisette, à l'état ligneux. *Nœuds* de moyenne grosseur, peu saillants; *Mérithalles* longs; *Bourgeons* lanugineux, saillants, gros, peu acuminés.

Bourgeonnement lanugineux, soyeux, unicolore, d'une couleur verte très claire et blanchâtre. *Vrilles* généralement bifides, quelquefois trifides.

Feuille complète, grande, la page supérieure de couleur vert métallique et teintée en jaune clair tâché de rouge à l'automne; consistante, lisse, rarement bullée, ondulée avec un pli longitudinal, convexe du sinus pétiolaire à l'un des sinus supérieurs, avec quelques rares poils à la face supérieure. *Page* inférieure douce au toucher, tomenteuse, à duvet aranéeux, serré, de couleur vert cendré, quasi blanchâtre. Quinquelobée, avec les sinus bien indiqués, réguliers, profonds, elliptiques ou arrondis et fermés sur les bords; sinus pétiolaire elliptique, à demi fermé ou fermé par la superposition des lobes. *Denture* moyennement serrée, acuminée ou crochue, peu profonde. *Nervures* saillantes. *Pétiole* moyen, aussi long que la nervure médiane, déprimé à la partie supérieure et recouvert d'un léger duvet peu abondant et teinté en partie d'une belle couleur rosée. La chute des feuilles est précoce.

Grappe ailée, pyramidale, assez allongée, d'où son nom de Malvoisie longue, cylindrique à l'extrémité et compacte plutôt que lâche. *Rafle* ramifiée à la base, d'une belle couleur rosée à l'état herbacé, vert jaunâtre à l'époque de la maturité, légèrement rouge aux points d'où partent les ramifications. *Pédoncule* presque faible, long; pédicelles longs et verts.

Grains moyens ou petits, toujours arrondis; peau luisante, très peu pruineuse, coriace, épaisse, jaunâtre, parfois presque dorée, peu résistante à l'humidité.

Pulpe un peu dure, légèrement aromatique, mais non musquée, douce. Généralement deux *graines*, quelquefois trois.

Analyse du moût. — Glucose : 17,31 (Toscane); 26,66 province de Lecce, 22 septembre. Acidité : 0,605 (Toscane); 0,48, province de Lecce, 22 septembre.

Vin. — Il n'a été fourni aux Commissions ampélographiques des provinces dans lesquelles elle est cultivée aucun vin provenant uniquement de cette variété; toutefois de l'examen des échantillons obtenus dans un but d'expérience, on doit admettre comme chose certaine, qu'elle est éminemment apte à donner des vins plus ou moins riches en alcool, suivant la région dans laquelle elle aura été cultivée, secs ou liquoreux suivant la méthode de fabrication, pourvus d'une bonne saveur et de toutes les qualités requises pour un bon vin blanc.

SAN GIOVETO PICCOLO (Forte)

SYNONYME : **Sangiovese** à Sanvicetro

Localités où ce cépage est cultivé. — Cette variété est cultivée dans presque toute la Province de Florence, mais dans une proportion moindre que le San Gioveto Grosso (dolce), à cause de sa faible production et de la mauvaise qualité du vin qu'il produit. L'état très-serré de la grappe empêche les baies de mûrir complétement et uniformément; aussi le vin qu'on en obtient est-il toujours aigre. On la trouve cultivée sur les collines des environs de Florence et dans la vallée de Sieve, dans les terres de Pomino et de Nipozzano, de la famille Albizi et à Pievecchia près Pontassieve.

Notions générales sur ce cépage et sur ses aptitudes. — Il demande à être conduit en hautains, soutenu par des arbres; cultivé de cette façon, il produit davantage et donne des grappes plus volumineuses que lorsqu'il est maintenu sur souche basse avec échalas. Sa production est abondante et certaine ; c'est un cépage pour vin de table, mais il doit être associé à d'autres variétés, parce que seul il produit un vin trop âpre.

Le *San Gioveto piccolo* débourre tôt; sa végétation est faible, avec des pousses peu nombreuses. Il est assez résistant à l'*oïdium*, mais on doit le cultiver aux expositions du midi et du couchant, afin que les baies arrivent à complète maturité. Il préfère un terrain fertile, de nature *argilo-calcaire.* On le cultive en lignes, à toute hauteur, soutenu par des arbres, associé à d'autres cultures ou encore en lignes basses avec échalas. Dans la culture mixte, l'arbre qui le soutient est l'Erable (*acer campestris*) ou l'Orme (*ulmus campestris*). Il doit être taillé court, il produit ainsi des grappes plus volumineuses. La floraison est précoce. La grappe, avant la floraison, ne présente dans sa forme aucun caractère particulier. La maturité étant tardive, on doit toujours choisir, pour ce cépage, les expositions du midi et du couchant.

Description. — *Partie ligneuse.* — *Sarments* légèrement striés et pointillés, peu gros, durs à la taille ; de couleur verte à l'état herbacé, et teintés de rose violacé à la base ; de couleur châtain clair à l'état ligneux. *Nœuds* peu gros et légèrement colorés. *Mérithalles* courts, variant de 5 à 6 centimètres. *Bourgeons* saillants, acuminés, légèrement tomenteux.

Partie herbacée. — *Bourgeonnement* tomenteux ; les jeunes feuilles sont de couleur vert-clair. *Vrilles* bifides, grêles, de couleur vert-clair.

Feuille de moyenne grandeur, plus longue que large, complète, d'une couleur vert-clair intense, mince, souple, lisse, légèrement ondulée. *Page supérieure* glabre. *Page inférieure* de couleur vert-clair, à tomentum floconneux. Quinquelobée, avec les lobes inférieurs à peine indiqués, les supérieurs également allongés, le lobe central plus allongé, acuminé. *Sinus* latéraux peu profonds, elliptiques et se terminant en pointe vers le centre de la feuille. Les lobes de la base forment à l'insertion du pétiole un sinus ouvert en V. *Dents* aiguës peu nombreuses, peu profondes mais distinctes ; dents secondaires enfoncées, mucronées et crochues. *Nervures* très peu saillantes, de couleur vert clair, légèrement duveteuses. *Pétiole* de couleur vert clair, ou en partie rayé de rose, plus court que la nervure médiane.

Grappe conique ou pyramidale, de grandeur moyenne, ailée, si serrée que les baies, lorsqu'elles ont acquis un volume normal, sont en partie déprimées et anguleuses. *Rafle* courte, de couleur vert clair, conique. *Pédoncule* fort, relevé à son insertion, avec un côté qui est quelquefois coloré en rose. *Pédicelles* courts, de couleur vert clair. *Baies* sub-sphériques et déprimées quand elles sont arrivées à maturité. *Peau* pruineuse, coriace, d'un noir violacé, résistant aux intempéries.

Pulpe charnue, à saveur acide et astringente. *Graines* de une à trois, grosses.

Analyse du moût. — Le moût a été analysé conformément aux instructions données par le comité central ; pour déterminer le glucose, on a fait usage de la liqueur de Fehling, et pour doser l'acidité de la liqueur titrée de Babo.

Voici la moyenne des analyses répétées pendant trois années dans les mêmes conditions.

Densité	107.00
Glucose	19.81 %
Acidité	7.30 %/oo

Vin. — Le San Gioveto piccolo donne un vin qui est d'abord très coloré, mais très acide et un peu âpre. En vieillissant, il prend une couleur jaunâtre et acquiert un arome spécial.

SAN GIOVETO GROSSO (Dolce)

Synonyme : **Sangiovese**

Localités où ce cépage est cultivé. — Cette variété forme la base principale des meilleurs vins qui sont produits dans les provinces de Florence et de Sienne. Elle est recherchée pour sa production régulière et pour la qualité du vin qu'elle donne, dont l'arome spécial imprime aux vins toscans les mieux accrédités les caractères qui les distinguent. Sa culture va en s'étendant de plus en plus.

Le San Gioveto Grosso est originaire de Chianti, où il est très répandu.

On le trouve cultivé dans toute la vallée de la Siève ou Rufina, Pomino et Nipozzano, produisent avec ce cépage leurs meilleurs vins. Nous le trouvons cultivé sur une assez grande étendue, sur toutes les collines du Florentin, notamment sur celles de San Casciano dans le val de Pise, d'où l'on tire des vins de grande réputation. Toutefois, dans la vinification, il est toujours associé à d'autres variétés, telles que le Canaiuolo nero, le Mammolo nero, et, par quelques-uns, au Trebbiano, afin d'obtenir un vin plus moelleux et de saveur plus agréable que celui qu'on obtiendrait de cette seule variété.

Notions générales sur ce cépage et sur ses aptitudes. — Le *San Gioveto grosso*, cultivé à toute hauteur et soutenu par des arbres, donne d'abondantes récoltes, sa végétation est très vigoureuse ; il se comporte assez bien sur souche basse avec échalas, mais il produit moins. Il supporte la taille longue avec branche à fruit, toutefois on le taille généralement à coursons à deux yeux : on obtient ainsi des grappes plus volumineuses et des sarments plus robustes pour l'année suivante. C'est une très bonne variété pour vin de table. Sa production est régulière, il débourre de bonne heure et résiste à l'*oïdium*.

Il préfère les expositions du midi et du levant et les terrains *argilo-calcaires* fertiles. On le conduit en lignes, associé à d'autres cultures, sur souche basse soutenue par un échalas, ou à toute hauteur sur les arbres. L'*Acer campestre* ou l'*Ulmus campestris* sont les arbres les plus communément plantés pour le soutenir. Avant la floraison qui est précoce, la grappe ne présente dans sa conformation aucun caractère particulier ; elle noue facilement, sa fructification est certaine et abondante. La maturité a lieu dans la première décade d'octobre. En Toscane cette variété a une très grande importance.

Description. — *Partie ligneuse.* — *Sarments* finement striés, assez gros, bien développés et peu durs à la taille, avec les nœuds peu relevés de couleur châtain. *Mérithalles* courts, de 5 à 6 centimètres. *Bourgeons* peu saillants et déprimés.

Partie herbacée. — *Bourgeonnement* de couleur vert-clair, les jeunes feuilles moyennement développées sont jaune-pâle. *Vrilles* bifides, vert-clair.

Feuille complète, plus longue que large, de couleur vert foncé terne, parsemée à l'automne de taches d'aspect ferrugineux ou noirâtre, parcheminée, ondulée et pliée en cornet vers la *Page supérieure* qui est diaphane et lustrée ; *Page inférieure* presque glabre, d'un vert plus clair. Trilobée avec les lobes de la base à peine indiqués, réguliers ; les lobes supérieurs allongés en pointe, le lobe central allongé, acuminé. *Sinus* régulièrement profonds, elliptiques, les lobes de la base forment à l'insertion du pétiole un sinus ouvert en V. *Denture* profonde, aiguë, détachée avec la dent du sommet de la feuille acuminée, onguiculée. *Nervures* fines, aplaties à la page supérieure, saillantes à la page inférieure, cylindriques, ramifiées, vert-clair, bien apparentes jusque dans leurs dernières ramifiations. *Pétiole* aussi long que la nervure médiane, cylindrique, de couleur vert-clair, très légèrement rayé de rose. La chute des feuilles est tardive.

Grappe, conique, avec un grapillon qui se détache du pédoncule et constitue parfois, sur un même axe, une double grappe ; simple, lâche, courte, de moyenne grosseur. *Rafle* ramifiée de couleur verte, courte et ligneuse à son insertion sur le sarment. *Pédoncule* robuste, court. Pédicelles longs, de couleur vert-clair. *Grains* gros, ovales, à peau coriace, pruineuse, d'une couleur noir violacé, résistante aux intempéries et à *l'oïdium*.

Pulpe aqueuse, succulente, à saveur simple, doucâtre légèrement acide. *Graines* de deux à quatre, grosses.

Moût : Densité, 108; Glucose, 20 %; Acidité, 6 %₀.

Vin. — Très bon vin de table, d'une belle couleur grenat ; mais comme en vieillissant il prend une teinte jaunâtre trop marquée, il doit être associé aux variétés indiquées plus haut.

LACRIMA

Synonymes : Ce cépage est généralement connu dans les Marches sous le nom de *Lacrima*, sauf dans quelques localités où on l'appelle encore *Lacrima di Napoli, Lacrima Christi*. On ne doit point le confondre avec son homonyme que l'on rencontre dans les provinces méridionales de l'Italie.

Localités où ce cépage est cultivé. — Il prospère aux bonnes expositions du Midi, dans les terres perméables des collines des Marches, particulièrement dans la province d'Ancône, où il est réputé le premier des cépages à grappe violacée. On le trouve aussi dans les Abruzzes ; dans la Romagne, il n'a pas encore été signalé.

Notions générales sur ce cépage et sur ses aptitudes. — Il végète avec une bonne vigueur et préfère d'être conduit en hautains et à taille plutôt longue; on l'associe ordinairement à l'érable (*acer campestre*). Il redoute les terrains argileux, bas et humides, ainsi que les expositions septentrionales.

Les bourgeons se développent de bonne heure ; pendant la floraison, qui est hâtive, une partie des fleurs ne sont pas fécondées. La maturation est précoce, mais elle a lieu irrégulièrement, surtout si la grappe est assez serrée. Il résiste aux pluies, aux brouillards et à la sécheresse ; par contre il est facilement attaqué par l'oïdium et par les insectes.

L'enveloppe des grains est résistante; elle renferme une matière colorante d'un beau rouge rubis, dont le pouvoir colorant est supérieur à celui de la *Balsamina* ; la pulpe est succulente, de saveur sucrée avec un agréable arome bien marqué.

Le moût n'est pas des plus doux, par suite de la présence fréquente de baies non mûres dans la grappe.

Ce n'est pas un cépage de grande production, mais son vin est d'excellente qualité. C'est un des meilleurs vins rouges que l'on récolte dans les Marches quand on a soin de l'obtenir sec. Il est d'une belle couleur rubis, riche en acide tannique et pourvu d'un arome agréable.

Les enveloppes des baies sont recherchées pour leur couleur et leur parfum. Mélangées pendant la fermentation tumultueuse aux moûts des variétés communes, elles les améliorent et leur donnent la couleur recherchée par le commerce.

Le petit nombre de localités dans lesquelles ce cépage peut prospérer, la manie générale de préférer la quantité à la qualité, et la crainte de l'oïdium, font que sa production est limitée. La grappe est aussi servie sur la table, mais on ne peut la conserver ni sur la plante ni détachée.

Description. — *Partie ligneuse*. — *Sarments* moyens, vert roussâtre, peu forts, à moelle centrale, *nœuds* plutôt rapprochés ; *bourgeons* saillants, ovoïdes, de couleur roussâtre.

Partie herbacée. — *Bourgeonnement* peu cotonneux, jeunes feuilles lisses avec une légère teinte rosée, vrilles assez nombreuses.

Feuille adulte, moyenne, quinquelobée, à lobes bien distincts et aigus, séparés par quatre sinus latéraux, les supérieurs profonds, les inférieurs peu marqués, sinus pétiolaire ouvert et arrondi. Denture irrégulière, à dents détachées et recourbées. *Page supérieure* glabre, de couleur vert foncé ; page inférieure de couleur moins intense, glabre ; nervures saillantes, d'un blanc verdâtre, avec quelques rares longs poils ; le pétiole est cylindrique, aussi long que la nervure médiane. Les feuilles tombent facilement en automne en prenant une belle couleur rouge.

Grappe longue, de forme presque toujours pyramidale et irrégulière, de couleur violacée, avec des efflorescences blanchâtres peu tenaces. Les *baies* sont sub-ovales, inégales et soutenues par de longs pédicelles renflés et colorés en rouge vineux à leur insertion sur la baie. La grappe est habituellement peu serrée, à pédoncule long, vert pâle, avec une légère teinte roussâtre.

Analyse du moût. — Les analyses du moût ont été répétées sur 22 échantillons, pendant 5 années successives, dans diverses Stations des provinces d'Ancône et de Macerata. Voici les résultats :

Poids spécifique : il varie de 1,048 à 1,098 ; la moyenne générale est de 1,080 ; *glucose* : maximum 22,10 ; minimum : 17,10 ; moyenne générale 19,28 (pour 100 en poids). *Acidité*. Maximum : 1,02, minimum : 0,540 ; moyenne générale, 0,831 (pour 100 en poids).

Analyse du vin. — Si une légère dessiccation sur des claies est profitable à la Lacrima quand on recherche un vin fin de table, vraie destination d'un tel cépage, il est mauvais de la prolonger pour obtenir, ainsi qu'on le fait souvent, un vin doux aromatique, qui est quelquefois détestable.

De 1872 à 1877, 22 échantillons de vin de Lacrima ont été analysés tant à l'Institut royal thecnique d'Ancône que dans les Stations agricoles de Pesaro et Forli. La plupart des analyses ont indiqué une fermentation incomplète avec une partie de sucre indécomposé. Voici les résultats :

	Maximum	Minimum	Moyenne
Poids spécifique	1,0217	1,0030	1,0095
Alcool en volume %	14,2000	9,5000	11,6300
Glucose en poids %	4,000	0,1140	1,9548
Acidité en poids %	0,8250	0,5067	0,6848
Matières extractives en poids %	10,2370	2,2620	5,7150
Cendres en poids %	0,2140	0,1605	0,2141

DOLCETTO

Synonymes : **Nebbiolo, Uva d'Acqui, Ormeasca, Bignona, Uva del Montferrato, Dolutz nero.**

« Ce cépage (1) n'a point conservé partout le nom de Dolcetto, il commence à le perdre à peine sorti du territoire d'Acqui, en entrant dans celui d'Ovada, où il prend le nom de Nebbiolo, probablement, selon Gallesio, à la suite d'une fraude de ceux qui en font un commerce pour lui donner de la valeur, le vrai Nebbiolo étant le cépage qui produit le vin si estimé de l'Astigiano.

» Dans le Milanais et particulièrement sur les collines de San Colombano, ainsi que dans les vallées de Scrivia et de Trebbia, il est connu sous le nom d'Acqui ou d'Uva d'Acqui.

» Dans les montagnes des Langhes, où coulent la Bormida et le Tanaro, il est appelé Dolcetto et Ormeasca, probablement de Bourg d'Ormea, d'où il se serait répandu sous ce nom dans les régions avoisinantes. Dans une localité de la province d'Alexandrie il est appelé Bignona, mais ce synonyme est peu répandu.

» Dans le Génois, il est connu sous le nom d'Uva de Montferrato. Presque partout, cependant, il porte encore le nom de Dolcetto, et il semble que c'est celui qui lui convient le mieux. »

Dans quelques collections françaises, il a été cultivé sous le titre de *Dolutz noir* par corruption de son nom, et, sous cette dénomination erronée, a été décrit par les *Annales de Pomologie* belges.

Les Allemands ont le *Dolcedo rothstieliger* (c'est-à-dire à pédoncule rouge) ; aucune étude comparative n'a été faite jusqu'à présent pour établir l'identité de ce cépage avec le Dolcetto italien.

La Dolcetta nera a été décrite dans l'Album ampélographique de la province de Trévise ; ses caractères concordant avec ceux du Dolcettò du Piémont, ces deux cépages doivent être considérés comme identiques.

Localités dans lesquelles ce cépage est cultivé. — La vigne connue généralement sous le nom de Dolcetto forme l'objet principal de la culture d'un des pays les plus vinifères de l'Italie ; » elle est spéciale au Haut-Montferrat et aux Langhes, et c'est peut-être le cépage dont la culture généralement exclusive est la plus étendue dans l'Italie septentrionale. La région de l'Apennin comprise entre Mondovi, Olba, Acqui, Novi et une partie du Tortonese, est particulièrement couverte de ce cépage qui, dans des proportions plus restreintes, a pénétré dans une foule d'autres localités et est connu presque partout. Depuis plusieurs années sa culture s'est répandue dans l'arrondissement d'Olba et dans la province de Cuneo, où il rivalise presque avec le vrai Nebbiolo de Barolo.

---

(1) Gallesio : *Pomona Italiana.*

« Le Dolcetto a pénétré ainsi dans le Gênois, où il est cultivé avec des succès divers. Les hautes vallées situées à trois ou quatre cents mètres de hauteur au-dessus du niveau de la mer l'ont adopté à cause de sa précocité comme le seul raisin qui mûrisse sous ces climats ; mais sur les coteaux moins élevés qui regardent la mer, il ne peut rivaliser avec les variétés du Midi ; il y est cultivé de loin en loin et par des amateurs.

» C'est grâce à cette précieuse prérogative de la précocité, jointe à beaucoup d'autres qualités, que sa culture s'est si étendue dans toutes les montagnes du Haut-Montferrat et des Langhes et même sur les collines des Alpes, vers Saluces, et dans l'intérieur des vallées de l'Apennin piémontais, où le climat, rendu très rigoureux par l'élévation du territoire, se refuse à mûrir la plus grande partie des autres variétés assez estimées (1). »

Sur l'initiative du professeur Froio, la culture en a été tentée, dans ces derniers temps, jusque dans les régions élevées et froides de l'arrondissement de Potenza, dans la Basilicate, à 600 mètres environ au-dessus du niveau de la mer, et il parait que là comme ailleurs ce cépage s'est bien comporté.

Notions générales sur ce cépage et sur ses aptitudes. — « La précocité, qui est un mérite du Dolcetto dans les pays froids, est précisément le caractère qui lui enlève sa valeur dans les climats ardents des régions plus méridionales.

» Il y est exposé à l'inconvénient de ne pouvoir être mélangé à aucune autre variété, car il arrive à maturité même avant les plus précoces ; il perd ainsi un des principaux avantages qu'on en pourrait retirer : par son mélange on obtiendrait facilement d'excellent vin, en combinant le moelleux qui le distingue avec la force et le spiritueux qui caractérisent les variétés des régions chaudes.

» Un autre inconvénient et non moins grave consiste en ce que les baies, dans certains climats, se flétrissent et tombent avant d'être parfaitement mûres.

» Un climat humide, une chaleur douce et modérée, conviennent spécialement à ce cépage ; aussi, toutes les fois qu'il se trouve exposé à l'action d'un air sec et brûlant, sa maturation est précipitée et la grappe, au lieu de mûrir complétement, demeure comme brûlée. »

Le seul avantage qui peut encore le faire rechercher dans les pays à climat chaud est d'être à l'abri des pluies d'automne, qui occasionnent si souvent la perte de nos vendanges.

Quant au reste, selon Gallesio, le Dolcetto se prête à tous les modes de culture et prospère sous tous les climats, mais, faut-il ajouter, à condition d'être cultivé seul et d'avoir dans les terrains fertiles un espace suffisant pour ne pas être privé d'air et de chaleur. La négligence de ces conditions est la cause principale et peut-être unique de la non réussite de sa culture là où elle a été entreprise avec des connaissances viticoles insuffisantes.

Il préfère toutefois les terrains légers à ceux trop durs ou tenaces.

---

(1) Gallesio : *Pomona Italiana.*

Dans le Gênois il est palissé verticalement sur des treilles en lignes ; il fructifie suffisamment.

Dans les collines de l'Apennin piémontais et sur les versants des Alpes où il est cultivé en lignes inclinées d'un côté, il produit beaucoup. Ailleurs il est conduit de plusieurs autres manières, et partout c'est une vigne fertile qui déchoit rarement.

La méthode du Haut-Montferrat paraît toutefois le mieux convenir à sa nature ; elle est toute spéciale à cette région.

« Les collines qui parcourent le territoire d'Acqui sont en général formées d'un tuf blanc ou, pour mieux dire, d'une marne argileuse compacte, qui, brisée par le fer et décomposée par l'action de l'air et de l'eau, se convertira en terre.

» C'est dans ce terrain artificiel que le Dolcetto est planté en lignes dans de larges fossés que la main de l'homme a creusés sur le flanc de ces collines.

» Quand le tronc est formé, le vigneron laisse deux ou trois sarments de quatre yeux chacun. Ils sont attachés à 0^m50 au-dessus du sol, à un échalas, et recourbés vers le fossé supérieur ; à ces sarments ou branches à fruits, on donne le nom de catesse *(chaînes)*. Ils se chargent de fruits à partir de la courbure et en portent à chaque nœud jusqu'à l'extrémité. Les yeux de la base, dans la portion qui reste appuyée à l'échalas, émettent au contraire des sarments vigoureux qui produisent peu ou pas, mais qui s'allongent et grossissent pour servir à former les nouvelles chaînes de l'année suivante.

» Avec cette méthode ingénieuse, les vignes ne s'élèvent jamais comme celles du Gênois et ne sont pas limitées à la production de quelques grappes seulement comme celles de la Provence. Les sarments poussés à la fructification au moyen de la courbure sont taillés à plusieurs yeux, parce qu'ils sont destinés à être coupés, après la vendange, au-dessus des premières pousses ; celles-ci rendues vigoureuses par suite de la position des yeux dont elles sortent et de leur développement vertical sur de petits échalas ou des cannes, préparent de nouveaux sarments pour la fructification prochaine ; de cette façon, la vigne ne prend pas une trop grande expansion et reste toujours à peu près à la même hauteur. »

Le comte Odart dit, dans son Ampélographie, qu'on reconnaît la valeur de ce cépage après qu'on l'a vu fructifier.

Le docteur Ivaldi, de Morzasco, arrondissement d'Acqui, a écrit une monographie du Dolcetto, dans laquelle il conseille à ses compatriotes d'en étendre la culture, dont il énumère les avantages.

Le marquis Incisa della Rochetta, qui a aussi écrit sur le Dolcetto, en recommande la propagation.

Le vin du Dolcetto possède des caractères différents, suivant les localités où il a été cultivé et suivant les méthodes de vinification.

Dans les hautes montagnes des Langhes, il ne donne pas un vin de beaucoup de valeur ; il fournit toutefois aux habitants un vin passable, malgré la rigueur du climat, qui rend imbuvables la plupart de ceux des autres variétés.

Dans les situations les plus tempérées, il donne un moût dense et sucré, avec lesquels on fait des vins estimés dans ces localités. On les emploie avantageusement pour donner de la couleur ou du moelleux aux vins de plusieurs autres cépages qui ont plus de corps, mais qui sont moins sucrés et d'une maturité imparfaite ; on fait ainsi de très bons mélanges.

Le vin ordinaire du Dolcetto est un vin noir, léger, que l'on peut boire en grande quantité sans aucun danger, et s'il a été bien fait et provient de localités bien exposées au soleil, il constitue un excellent vin de table. Il n'a pas le corps des vins du bas Montferrat, ni le spiritueux et l'arome des vins du Midi, mais il est sec, sain et agréable.

Baccio qui décrivait les vins d'Acqui vers la fin du XVIᵉ siècle, les dit *mediocris naturæ et bene digesti* (BACCIO. *De vinis Italiæ*, lib. VI, pag. 311). Il est vrai toutefois qu'il parlait des Dolcetti de la vallée de la Bormida et des vallées qui l'avoisinent, qui ne sont pas les meilleurs. Les plus estimés sont ceux d'Ovada et de ses environs, c'est-à-dire de toutes les collines qui forment le pied des contreforts septentrionaux de l'Apennin, depuis Novi jusqu'à Nizza della Paglia et même jusqu'aux collines du territoire d'Alba.

Dans quelques-unes de ces localités le Dolcetto est mélangé à beaucoup d'autres variétés, aux variétés blanches surtout, avec lesquelles il se combine assez bien, et soit en mélange avec elles, soit seul, il fait les délices de la table des habitants et constitue une branche importante de leur commerce.

C'est à Ovada surtout que se concentrent tous les vins des environs, qui sont ensuite expédiés à Gênes et dans le Milanais. Des spéculateurs en ce genre y résident, c'est la raison pour laquelle on y trouve les meilleurs vins et les plus salubres. Il paraît que le climat de ces collines convient très bien à la nature de ce cépage, la grappe y mûrit parfaitement sans que ses baies se détachent, ainsi que cela arrive dans les pays méridionaux, et atteint un degré de perfection auquel elle n'arrive pas toujours ailleurs.

Description. — *Partie ligneuse.* — *Souche* assez vigoureuse, très fertile, et qui s'épuiserait rapidement si le vigneron abusait de sa facilité de production. *Sarments* couleur noisette, à mérithalles courts. *Bourgeons* saillants, gonflés, arrondis, légèrement blanchâtres et tomenteux au printemps avant le débourrement.

Partie herbacée. — Bourgeonnement blanc et cotonneux au sommet, les jeunes feuilles moyennement développées sont d'un rouge vineux intense, sous un duvet léger et blanchâtre, vrilles teintées de rouge. *Feuilles* généralement de grandeur moyenne, ou au-dessous de la moyenne, plus larges que longues, lisses et presque luisantes à la page supérieure, légèrement tomenteuses à la page inférieure, divisées le plus souvent en trois ou cinq lobes par des sinus arrondis, assez profonds, ouverts ou fermés sur les bords, sauf le sinus pétiolaire qui est presque toujours ouvert ; denture petite ou découpée, aiguë, pétiole roussâtre ; les nervures qui en partent et se ramifient vers la périphérie sont rouges. Ces caractères, qui font rarement défaut dans les feuilles du Dolcetto, sont un des signes distinctifs spéciaux de cette variété.

Grappe moyenne ou sur moyenne, régulière, pyramidale, longue, ailée ou composée de grappillons séparés et presque réunis à la base, ni trop serrés, ni lâches, à pédoncule assez long, brun, pédicelle rouge-brun, à maturation complète, qui a généralement lieu en même temps que celle du Muscat ordinaire ou des Gamays français. Baies de grosseur moyenne et plus petites, avec diverses dégradations, généralement arrondies ou presque sphériques, d'un noir bleuâtre, pruineuses, à pellicule assez fine ; pulpe dense, juteuse, assez douce, sans être toujours savoureuse. Les baies tombent facilement au début de la maturation, dans certains terrains argileux, au moment des pluies, surtout si la plante a souffert de la sécheresse pendant l'été.

Analyse du moût. — M. l'Ingénieur Rotondi, directeur de la station œnologique d'Asti, obtint en moyenne en 1877, sur cinq analyses, les résultats suivants:

Sucre	216	°/oo
Acidité totale	6.01	—
Bitartrate de potasse	7.05	—
Extrait sec à 100°	268.50	—
Cendres	4.50	—

Analyse du vin. — Alcool (en volume) .... 12.45 °/o
Acidité totale .... 6.40 °/oo
Matières extractives 30.10

NEBBIOLO PIEMONTESE [1]

SYNONYMES : **Spanna, Melasca, Picotener, Chiavennasca**

Localités dans lesquelles ce cépage est cultivé. — Le Nebbiolo est un cépage spécialement cultivé sur le versant des Alpes qui entoure le Piémont. Il commence à apparaître sur les collines qui se trouvent à la droite du Ticino et constitue l'essence de nombreux vignobles depuis Oleggio jusqu'à Valperga et au delà.

Dans le Novarais et sur les collines du Val de Sesia, il porte le nom de Spanna et il alterne avec la Vespolina (uvetta di caneto) et le Pignolo. Les vins si renommés de Ghemme, Boca, Romagnano, Grignasco, Prato, Sizzano et Fara sont produits par ces trois cépages.

Dans une statistique faite par la Commission ampélographique de la province de Novare, on relève que la Spanna est cultivée sur une certaine étendue dans 34 communes de cette province.

Gattinara est la principale localité où la Spanna est cultivée à peu près seule ; le vin qu'on y récolte indique sa prédominance. Il est plus austère, plus généreux et plus parfumé que celui de Valsesia. Ce dernier passe pour plus moelleux, mais il ne se conserve pas aussi bien et ne s'améliore pas en vieillissant comme celui de Gattinara.

Dans le territoire de Biella, où il porte le nom de Melasca, il n'est plus cultivé seul. On le trouve associé avec une foule d'autres variétés, mais il y est toujours distingué comme le meilleur, et c'est avec la Melasca seule ou mélangée à d'autres cépages de choix que sont fabriqués les vins de table si

---

(1) Cette description est extraite en partie de GALLESIO, *Pomona Italiana.*

estimés de Cossato, Ceretto, Valdengo, Vigliano, Quaregna et ceux de Lessona.

Le territoire d'Inrée et les pays vinifères de la vallée d'Aoste cultivent, eux aussi, le Nebbiolo comme le meilleur de leurs cépages ; il y est distingué sous le nom de Picotenero (*Picoutener,* pétiole tendre), et il alterne avec le Neretto, la Mostera, la Bonarda, la Fresia, avec lesquels il est mélangé. La proportion des éléments de ce mélange détermine les qualités des vins qui en proviennent ; il est reconnu qu'ils sont d'autant plus généreux et d'une conservation d'autant plus facile que la proportion du Nebbiolo est plus grande.

Le Nebbiolo continue à couvrir plusieurs vignobles dans tout le reste du Canavesano, surtout dans le territoire de Valperga où il conserve sa réputation au milieu de beaucoup d'autres variétés, y compris le Neretto de Salto, avec lesquelles il est associé. Au-delà du Canavesano, il disparaît ; il y est si inférieur à la Fresa, à la Bonarda et à la Barbera, qu'il est à peine connu.

La vallée de Suze est probablement trop froide pour la culture de ce cépage, qui subit en ce point une plus grande interruption. Elle commence à apparaître plus étendue dans l'arrondissement de Pinerolo, notamment dans les fertiles plaines de Campiglione, de Fenile, sur les collines de Bricherasio, où les meilleurs vins, comme partout ailleurs, sont obtenus de ce cépage, et s'étend jusqu'au territoire de Saluces. A partir de ce point, elle devient assez faible et incertaine à mesure que le climat devient plus froid, pour cesser tout-à-fait avant d'arriver à Cunéo.

Dans les environs de cette ville et sur les collines situées au pied des Alpes qui les abritent ainsi du côté du Midi, le Nebbiolo n'est plus cultivé avec profit. Il se sépare des Alpes et nous le trouvons très répandu dans les limites de la même province vers l'Astigiano, sur les hautes collines des Langhes. Dans l'arrondissement d'Alba, dans la partie plus fertile, plus chaude et plus appropriée, dans le territoire de Barolo et dans les localités environnantes, il domine exclusivement et y occupe l'étendue cultivée la plus considérable dans la haute Italie ; il y produit un des vins les plus renommés du Piémont, le Barolo, dont la réputation s'est affirmée même hors d'Italie.

Dans l'Astigiano, ainsi que sur les collines entre Chièri et Turin, sa culture était anciennement assez étendue ; mais outre que des cépages tels que la Fresia et la Barbera, de culture plus lucrative, furent trouvés et répandus, l'invasion de l'oïdium finit par le faire disparaître, par suite de sa grande sensibilité aux atteintes de cette cryptogame, dont il souffre beaucoup.

Dans la Valtelline, le Nebbiolo est cultivé sous le nom de Chiavennasca ; il y donne du bon vin dans les années favorables.

Si on laisse de côté la culture du Nebbiolo dans l'arrondissement d'Alba, on peut dire que les pays où il est cultivé sont tous situés sur les flancs des Alpes. Les différences qui distinguent les diverses localités de ce versant, soit dans la composition du terrain, soit dans leur exposition, n'en sont pas moins considérables. Malgré cela le Nebbiolo est partout le même et les vins qu'il produit diffèrent peu les uns des autres. Dans tous les pays où ils sont confectionnés sans aucune autre variété, ils conservent toujours à peu près les mêmes caractères. Ils ne sont modifiés que par les méthodes de vinification et par l'état de maturité plus ou moins avancée des baies ; mais, même dans ces modifications, le palais y trouve toujours ce qui les caractérise.

Parmi les causes de confusion dans les variétés de la vigne, outre les diverses dénominations données à un même cépage dans des localités différentes, une des principales est celle des sous-variétés que beaucoup admettent comme un expédient pour éviter des recherches plus minutieuses, sans aucune certitude si elles existent véritablement ou non.

Le comte Gallesio écrit sur cette question : « Je m'exprime avec doute sur ce point, parce que j'ai reconnu par expérience qu'il n'est rien de plus difficile que de déterminer les différences ou l'identité des cépages. Il n'est pas douteux que ces prétendues variétés sont des individus nés de semis et subdivisés en milliers de parties qui vivent chacune séparément comme un individu distinct, mais qui ont toutes la même physionomie. Dans la vigne, il est vrai, cette physionomie présente tant de changements et tant de modifications dans les parties qui se renouvellent chaque année, comme les feuilles et les fruits, que l'observateur en reste comme embarrassé et trouve qu'il est difficile de faire des comparaisons et des descriptions. De là viennent ces prétendues sous-variétés qui, observées ensuite dans toutes leurs phases et dans différentes circonstances, se ramènent à la même variété.

» Ainsi, le Nebbiolo se distingue dans le Novarais en Nebbiolo à grappe serrée et à pédicelles verts, et en Nebbiolo à grappe lâche et à pédicelles rouges, connus dans cette région sous le nom de Spana commune et de Spana Pignolo. Les mêmes différences et la grosseur des baies le font diviser en trois types dans le territoire de Biella, distingués sous les noms de Melosca commune, Melaschin et Melascone. Elles s'observent également dans la province d'Ivrée et dans tout le Canavesano, ou le Nebbiolo est distingué en Nebbiolo mâle et en Nebbiolo femelle, ou en grand et petit Picotenero. Toutes ces distinctions disparaissent cependant quand les baies sont converties en vin et je n'ai jamais pu distinguer, dans aucun lieu, le vin du Melaschino de celui du Melascono, ni le vin du Nebbiolo mâle de celui du Nebbiolo femelle. J'ai entendu affirmer que le second est plus agréable que le premier, mais je n'ai jamais pu trouver personne qui l'ait bien constaté. »

Si on n'a jamais comparé entre eux les vins de ces sous-variétés, le rapprochement a été fait pour ces formes elles-mêmes. La réunion dans un même vignoble expérimental des cépages cultivés sous le nom de Nebbiolo dans toutes les localités indiquées a toujours donné pour résultat une même variété : le Nebbiolo Piémontais ou la Spanna de Gattinara.

Une longue observation des cépages nous a montré qu'une même variété dans un terrain de médiocre fertilité, dans une année à automne chaud, donne peu de fruits, mais qui arrivent à maturité complète ; la grappe, peu serrée, laisse alors apparaître dans toute leur beauté les pédicelles rouges et, souvent aussi une partie de la rafle qui font le grand contraste avec le noir bleuâtre foncé des baies. Placée au contraire dans un terrain fertile, à une exposition moins éclairée, elle donnera pendant plusieurs années, surtout si elles sont peu favorables, des grappes compactes à pédicelles verts, avec les baies plutôt légèrement violacées que noir pruineux.

Le même phénomène se présente quant à la couleur des rameaux. Ainsi dans quelques régions viticoles on distingue une variété à sarments rouges d'une autre, de même nom, à sarments verts; mais en multipliant ces formes et en les observant pendant plusieurs années successives, ces différences ne se maintiennent pas constantes.

Bien qu'il ne serait peut-être pas exact d'assurer qu'il n'existe absolument aucune sous-variété de Nebbiolo (ainsi que pour plusieurs autres cépages), il est toutefois important de rappeler, à l'avantage de la viticulture, qu'une variété quelconque est toujours identique à elle-même et facilement reconnaissable par le vigneron expérimenté, même quand elle se trouve légèrement modifiée par des circonstances locales.

Notions générales sur ce cépage et sur ses aptitudes. — Il n'est pas douteux que le Nebbiolo a lui aussi ses aptitudes propres, et que pour cette raison il prospère surtout à certaines expositions et dans certaines conditions particulières. Naturellement précoce et de floraison délicate, il craint les brouillards et vient mal dans les plaines. Quant au reste, il se comporte très-bien, même dans des situations pas très favorables. Tout le pays où il est cultivé est montueux, exposé au midi, abrité du côté du nord par la chaîne des Alpes et jouissant d'une température assez douce, comprise entre 8°-10° et 25°-27°.

Ce cépage produisant toujours les meilleurs vins de la région piémontaise partout où il est cultivé seul, il pourrait venir à l'esprit des viticulteurs des autres parties de l'Italie de le cultiver, d'en faire leur profit, et dans ce but, de connaître les conditions de terrain, d'exposition et de climat dans lesquelles on doit le placer.

Bien qu'il puisse paraître téméraire de résoudre de semblables problèmes, toutefois l'observation des conditions dans lesquelles le Nebbiolo se plaît, semble autoriser à admettre qu'il s'adapte assez bien aux diverses natures de terrains, pourvu qu'ils soient toujours fertiles, assez légers, chauds et jamais stériles ni humides.

Le Nebbiolo a une tendance très marquée à se ramifier en une infinité de pousses qui, dans un terrain maigre, restent faibles et stériles. Il est au contraire nécessaire pour sa fructification qu'il émette des sarments assez vigoureux, et pour cela il faut que ses racines se trouvent dans un terrain fertile et propre à la vigne. Cela étant, et vu la longueur de ses entre-nœuds, chaque pied doit être cultivé sur une surface assez grande. Comme pour l'exploitation des animaux tout ce qui est donné en plus d'une ration ordinaire (laquelle servirait seulement à maintenir l'animal dans son état normal) augmente le rendement en lait ou en graisse, pour les végétaux et spécialement pour le Nebbiolo est nécessaire, indépendamment d'un terrain normal qui maintient la plante dans une bonne vigueur, une fertilité assez grande, afin d'obtenir une fructification annuelle et abondante de la souche.

Plus difficile est de trouver les expositions qui lui conviennent, qui doivent être bien aérées, mais non exposées à de rapides changements de température, abritées, chaudes en automne, afin que le fruit puisse arriver à complète maturité, mais non sujettes à une chaleur excessive pendant l'été, qui au moment de la floraison empêche la grappe de nouer et favorise sa propension à l'avortement. Pour ces raisons les expositions un peu élevées, tempérées en été par une brise légère et réchauffées en automne par la chaleur renvoyée par l'inclinaison du terrain, lui sont les plus favorables.

Pour le Nebbiolo, il est bon de rappeler que rendu infructifère par l'oïdium dans les premières années de son invasion, il fut multiplié sous cette fâcheuse influence dans les plantations qui suivirent et qui peuvent encore se ressentir de la nature viciée du cep original. Pour obvier à cet inconvénient, il est maintenant plus que jamais nécessaire de veiller à la multiplication en choisissant toujours et uniquement les sarments qui ont porté des fruits.

Ce choix est d'une importance bien plus grande que ne le croient habituellement les cultivateurs.

Le Nebbiolo a été expérimenté dans des pays étrangers, et n'a pas toujours répondu aux espérances. M. Pellicot, président du Comice de Toulon, a cultivé jusqu'à mille pieds de Nebbiolo ; il le trouva fertile au début, mais cette fertilité ne s'étant pas maintenue malgré la vigueur du cep, peut-être par suite de la taille courte ou de la nature du climat, il les utilisa comme porte-greffe d'autres variétés.

Les caractères qui le distinguent sont les suivants :

Description. — *Bourgeonnement* tomenteux, blanchâtre, quelquefois avec de très légères traces rosées sur les jeunes feuilles ; *sarments* teintés de rouge, à longs entre-nœuds ; *bourgeons* petits, pas très saillants, légèrement cotonneux.

Feuilles quinquelobées ou seulement trilobées, à sinus larges et profonds en forme de cœur renversé, le plus souvent fermés sur les bords, sinus pétiolaire arrondi-ouvert, légèrement tomenteuses en dessous et rugueuses au toucher, *glabres* à la page supérieure, presque lisses ; *lobes* à pointe légèrement détachée ; *pétiole* long, teinté de rouge, très finement duveteux.

Grappes le plus souvent longues, ailées, pyramidales, plutôt serrées que lâches, mais non compactes, terminées en pointe, à pédoncule long. *Baies* noirâtres, ou d'un bleuâtre clair, assez pruineuses, généralement plus rouges au sommet de la grappe, plutôt légèrement ovales qu'arrondies, à peau fine, juteuses, molle, à saveur piquante, très vineuse, mûrissant vers la première quinzaine d'octobre.

Vin. — Le vin de Nebbiolo est partout un vin vermeil, généreux, austère et parfumé, éminemment sec, ni pâteux, ni piquant, et qui se conserve et s'améliore avec l'âge. Ces qualités lui ont acquis depuis très longtemps sa réputation, et lui assurent encore aujourd'hui une vente rémunératrice.

Baccio *De vinis Italiæ* dit qu'en 1590 les vins d'Ivrée et ceux du Navarais et du territoire de Vercel (faits avec le Nebbiolo) figuraient comme vins exquis sur la table des ducs de Savoie, et il ajoute que portés à Savone, ils étaient embarqués dans de petits tonneaux pour Rome, où ils rivalisaient avec le Lacrima et autres vins de luxe.

Les vins faits avec la Spanna ou avec le Nebbiolo et appelé Spanna, Nebbioli, Baroli, selon leur provenance, possèdent, d'après 130 analyses environ, une richesse alcoolique comprise entre un maximum de 17 °/₀ et un minimum de 10 °/₀ environ, la moyenne étant de 13 et 14. L'acidité varie entre un maximum de 9,30 pour mille et un minimum de 4,50 °/₀₀, la moyenne étant de 6 à 7 °/₀₀. Pour les matières extractives, la moyenne est de 2,03 à 2,80.

BALSAMINA NERA

Synonymes :

Province d'Ancône. — Généralement connue et cultivée sous le nom de
        Balsamina.
—   de Pesaro. — **Balsamina, Marzamina, Vernaccina.**
—   de Forli. — **Balsamina, Marzamina.**
—   de Ravenne. — **Balsamina, Marzamina.**
—   de Macerata. — **Balsamina, Balsamina nera, Balsa-
        mina fina, Balsamina légittima, Balsamina vera.**
—   d'Ascoli-Piceno. — **Balsamino, Balsamica, Balsamina
        nera, Balsemine, Balzamine, Bergamina.**
—   de Teramo. — **Balsamina.**

A l'exposition ampélographique qui eut lieu à Forli en septembre 1876,
la Balsamina des provinces qui viennent d'être indiquées fut comparée au
Marzamino du Frioul, expédié avec d'autres variétés par les soins du directeur de la Station agricole de Forli, M. le Chev. Pasqualini. On observa
quelques points de ressemblance, mais insuffisants pour faire considérer ces
deux cépages comme identiques. Pour cette raison, en désignant sous le
nom de Balsamina la variété des Marches que nous allons décrire, on devra
réserver le nom de Morzemino ou Berzemino au cépage cultivé spécialement
dans la Vénétie sous cette dénomination et qui a été figuré par le Comte Gallesio.

Localités où ce cépage est cultivé. — Ce cépage, qui est beaucoup
répandu, est généralement apprécié. Dans les Marches, la Balsamina est
connue depuis très longtemps par l'excellent vin qu'elle donne lorsqu'elle
est cultivée dans des terrains légers, à excès de chaux et de silice, et aux
expositions ensoleillées des collines légèrement inclinées. Il est vrai que dans
ces conditions, on devait, et cela en valait la peine, sacrifier la quantité à la
qualité du produit. En effet, encore aujourd'hui, il suffit, pour s'en con-
vaincre, de comparer les vignes des expositions indiquées avec celles des
plaines humides, ou de passer des collines des Marches dans la Basse-
Romagne. Dans cette dernière région, les grappes sont plus volumineuses,
les baies plus grosses, mais moins colorées et moins sucrées.

Aujourd'hui la culture de la Balsamina est limitée pour plusieurs raisons :
1° parce qu'elle est facilement attaquée par l'oïdium, qui, quoique combattu
par le soufre, affaiblit la pellicule et la prédispose à se crevasser ; 2° parce
que la maturation en est précoce par rapport à celles des autres cépages
qui donnent la plus grande partie des moûts ; 3° à cause de son arome déli-
cat qui convient mieux à un vin spécial qu'à un vin de table plus ou moins

bon. Pour ces raisons, la *Balsamina* est remplacée dans différentes localités par un cépage appelé *Gallopa* ou *Gagliopa* dans la province de Macerata, où il commence à avoir une certaine importance. Il en acquiert une plus grande dans les territoires de Forli et d'Ascoli, et s'étend jusque dans le territoire de Tirano et dans l'Ombrie.

Notions générales sur ce cépage et sur ses aptitudes. — Il préfère, ainsi qu'il a été dit, les terrains légers, surtout les terrains calcaires silico-argileux, avec des cailloux entremêlés ; il aime les collines abritées des vents du Nord, sans redouter toutefois les plaines si elles sont sèches. Il se cultive en lignes basses, associé à d'autres cultures, ou en vigne pleine, mais il développe surtout une belle végétation lorsqu'il est conduit sur érable.

Les sarments ne sont pas vigoureux, il débourre un peu plus tard ou presque en même temps que les Muscats ; il fleurit à la même époque, mais il se laisse ensuite précéder dans la maturation de la grappe ; il arrive cependant à maturité, comme il a été dit, avant les autres variétés à raisins de cuve. Les baies nouent difficilement ; quelques-unes tombent dans la période comprise entre la floraison et la maturation ; d'autres, non fécondées, se rencontrent dans la grappe lors de la vendange. La Balsamina étant un des cépages à raisins colorés qui mûrissent les premiers, les baies, par suite du peu de résistance de leur pellicule, sont facilement attaquées par les insectes et attirent par leur douceur les chiens errants. Elle souffre aussi de l'humidité, des pluies et même de la sécheresse ; elle est facilement envahie par l'oïdium. Ce cépage ne porte pas beaucoup de fruits, mais il fructifie toutes les années ; les grappes se conservent peu sur la plante et détachées.

Le vin est d'une belle couleur rouge violacé. Seul, on ne peut s'en servir comme vin de table, à cause du léger arome qu'il possède. Mais en mélangeant la Balsamina avec d'autres variétés, elle convient très bien pour en améliorer les moûts, et comme on dit dans le langage vulgaire *à Condire*. La Balsamina cultivée dans les plaines sèches possède un parfum très peu marqué et peut même donner de bons vins de table. Lorsqu'elle est cultivée aux expositions ensoleillées, sur des collines faiblement inclinées et dans des terres légères, elle donne des vins aromatiques agréables.

Description. — *Partie ligneuse.* — *Sarments* moyens, avec des stries teintées de rouge, durs à la taille, à moelle peu abondante, de couleur orange. Nœuds petits, couleur de rouille. Entre-nœuds assez courts, bourgeons allongés et peu gros.

Partie herbacée. — *Bourgeonnement* peu cotonneux, jeunes feuilles moyennement développées, glabres, tendant à se colorer légèrement en rouge. Vrilles peu nombreuses.

Feuille complète, quinquelobée, moyenne, souvent même petite, arrondie, à lobe central bien distinct des autres, qui sont quelquefois unis deux par deux. Les sinus qui dessinent le lobe central sont profonds ; les sinus latéraux, lorsqu'ils existent, sont fermés, sinus pétiolaire ouvert. La feuille est coriace, glabre à la face supérieure, qui est colorée en vert jaunâtre ; de couleur plus claire à la page inférieure, qui est recouverte d'un léger duvet apparent près des nervures. Le bord est à denture irrégulière, aiguë, détachée. Pétiole cylindrique, cannelé longitudinalement, de couleur rouge vineux plus pâle sur l'extrémité. Les feuilles tombent fin novembre, en prenant une couleur orange-roussâtre.

Grappe ni lâche ni serrée, c'est-à-dire avec les baies adossées l'une à l'autre, mais non comprimées, tantôt cylindrique, tantôt plus ou moins régulièrement conique, longue ordinairement de 12 à 15 et même 18 centimètres. *Pédoncule* d'un vert pâle avec une légère teinte roussâtre-vineux près de la grappe, long de 4 à 7 centimètres. *Baies* soutenues par des pédicelles longs des 2/3 de leur diamètre et de couleur vert blanchâtre ; sphériques, de moyenne grosseur, noir violacé et pruineuses à l'extérieur ; à l'intérieur de la grappe, à l'abri des rayons solaires, elles sont de couleur rouge-rubis. Pellicule peu résistante, pulpe très juteuse et de saveur sucrée et acide, avec un agréable et léger arome. Trois *graines* ordinairement, de couleur vert-sale, avec une chalaze ovale peu marquée, de couleur cannelle. On trouve aussi beaucoup de graines avortées.

Analyse du moût. — De 1874 à 1879, 34 analyses du moût de la Balsamina ont été effectuées, savoir : 17 dans la province d'Ancône, 6 à Macerata, 6 à Ascoli, 3 à Teramo, 1 à Forli et 1 à Ravenne. La plus faible proportion de glucose a été obtenue, aussi bien pour les vignes en hautains que pour les vignes basses, dans les terrains marneux des collines et des plaines ; les meilleurs résultats ont été observés, pour les vignes basses et en hautains, dans les terrains légers des collines exposées au Midi.

La moyenne générale du glucose est de 20,65 sur 100 de moût, en poids ; elle est comprise entre un maximum de 25,99 obtenu en 1876 dans une vigne basse plantée sur une colline du territoire de Macerata, dans un terrain calcaire-siliceux et un minimum de 15,60 observé dans une vigne basse également, mais sur une colline à terrain marneux, dans le territoire de Camerano.

La moyenne de l'acidité totale est de 0,74 p. % en poids ; elle varie entre un minimum de 0,37 obtenu à Fermo en 1878 sur les vignes hautes plantées dans un terrain silico-calcaire argileux exposé au Sud-est et un maximum de 1,29 observé à Macerata en 1876 dans une vigne basse d'une colline calcaire siliceuse exposée au levant.

La densité moyenne est de 1,091, entre un maximum de 1,120 observé dans un moût provenant d'une vigne plantée dans un terrain calcaire siliceux, et un minimum de 1,067, dans un moût provenant d'une vigne plantée dans un terrain argileux.

Vin. — Les échantillons de vin, au nombre de 18, soumis à l'analyse, proviennent des différentes parties de la province d'Ancône et des récoltes successives de 1871 à 1875. Les analyses ont été exécutées en 1872 et en 1874 dans le laboratoire de Chimie de l'Institut Royal technique d'Ancône, en 1874, à l'École des arts-et-métiers de Fabriano, en 1876, dans les stations agricoles de Pesaro et de Forli. La plupart de ces échantillons étaient, d'après l'usage habituel du pays, doux et aromatiques, les grappes ayant subi un certain degré de dessiccation. Les autres, au contraire, avaient été fabriqués selon les règles du Comité central ampélographique. Les résultats des analyses des deux catégories sont résumés ci-après :

1er Groupe :	Maximum	Minimum	Moyenne
Densité	1.0234	1.0146	1.0156
Alcool en volume %	13.2000	9.5800	11.0981
Glucose en parts %	6.0000	1.5060	1.6578
Acidité —	0.7200	0.5432	0.6153

2e Groupe :	Maximum	Minimum	Moyenne
Densité	0.9980	0.9900	0.9940
Alcool en volume %	12.3000	9.8000	10.7000
Glucose en parts %	1.7000	0.2370	0.6209
Acidité —	0.8600	0.6370	0.7390

MAMMOLO NERO

Synonyme. — **Uva Mammolo asciutta** (voyez *Trinci*, page 60).

Localités où ce cépage est cultivé. — Le Mammolo est cultivé dans beaucoup de provinces de la Toscane, surtout dans la province de Florence où il est très répandu. Sa grappe est habituellement associée à d'autres variétés qui concourent avec elles à la fabrication du vin.

Notions générales sur ce cépage et sur ses aptitudes. — Ce cépage, ainsi que la plupart des autres variétés cultivées depuis longtemps en Toscane, doit être conduit en hautain, soutenu par des arbres. Cultivé de cette façon, il produit beaucoup et régulièrement ; toutefois c'est encore un de nos cépages qui se comportent bien sur souche basse, et s'il ne produit pas beaucoup de fruits, il porte cependant quelques grappes volumineuses et bien développées.

Le Mammono Nero débourre normalement, il est robuste et résiste aux intempéries et à l'oïdium ; il réclame toutefois des soufrages répétés et faits avec soin. Les terrains argilo-calcaires lui conviennent tout particulièrement. Associé à d'autres récoltes, il est cultivé en lignes, dirigé à toute hauteur, sur des arbres ou sur souche basse soutenue par un échalas. La floraison est tardive, de la première à la deuxième décade de juin. La grappe avant de s'épanouir est très serrée et recouverte de poils ; elle mûrit dans la première décade d'octobre.

Description. — *Partie ligneuse.* — *Sarments* cannelés, de couleur vert clair à l'état herbacé et de couleur noisette-clair à l'état ligneux, avec des stries de teinte plus foncée.

Mérithalles gros, longs, avec des nœuds bien marqués. *Bourgeons* très saillants, acuminés.

Partie herbacée. — *Bourgeonnement* de couleur vert clair, ainsi que les jeunes feuilles moyennement développées, *vrilles* bifides, très longues, et très enroulées.

Feuille plus longue que large, quinquelobée à lobes allongés, acuminés de même que la dent qui est à leur extrémité. *Sinus* profonds, elliptiques, ouverts ; feuille parcheminée, repliée en cornet de forme irrégulière. *Page supérieure* rugueuse, boursouflée, de couleur verte, à nervures aplaties, larges, simples et renflées aux points où elles se ramifient. Page inférieure de couleur vert clair, très réticulée et recouverte d'un duvet abondant, avec les nervures très saillantes ; nervures secondaires ramifiées en réseau, d'une couleur verte très claire et légèrement teintées de rose. *Sinus* pétiolaire étroit, fermé par la superposition des lobes. *Denture* aiguë ; dents secondaires aiguës, irrégulières, à peine mucronées. Pétiole de longueur moyenne, plus court que la nervure médiane, cylindrique, de couleur verte, amplexicaule.

Grappe tronc-conique, serrée, peu rameuse. *Rafle* peu ramifiée, grosse, simple, de couleur vert clair. *Pédoncule* gros, robuste. *Pédicelles* courts, de couleur vert clair. *Baies* sub-ovales, de moyenne grosseur, à pellicule très résistante, coriace, très pruineuse, de couleur noir-violacé. *Pulpe* charnue douçâtre et acide. *Graines*, de deux à trois.

Analyse du moût. — Les analyses du moût ont été effectuées conformément aux instructions du Comité central. Pour déterminer le glucose on a fait usage de la liqueur de Fehling, et pour doser l'acidité, de la liqueur titrée de Balco.

Voici la moyenne des analyses répétées pendant trois années sur des grappes provenant des mêmes conditions d'exposition, de terrain et de taille.

Analyse effectuée sur 100cc de moût.

Densité........................ 107,7 $=$ 18,10 de sucre.
Glucose........................ 18,10
Acidité (en acide tartrique)........ 4,16

Vin. — Le Mammolo Nero donne un vin très coloré et qui a beaucoup de corps et de parfum ; en veillissant, il prend un arome qui rappelle la violette ; toutefois il doit être mélangé à d'autres variétés, parce que seul il produit un vin trop grave.

UVA DI TROJA

Synonymes : **Troja, Uva di Canosa**

Localités dans lesquelles ce cépage est cultivé. — L'*Uva Troja* ou *di Troja*, ainsi appelée probablement parce qu'elle est originaire d'une localité de la province de Capitanato qui porte le même nom, doit sa grande extension au développement du commerce des vins dans ces trente dernières années.

Quand la production de nos vignobles fut considérablement réduite par suite de l'oïdium, on s'adressa de préférence aux vins très colorés et épais, pour les couper même avec de l'eau et augmenter ainsi la vente au détail.

La Pouille resta pendant quelque temps à l'abri de l'invasion de l'oïdium et, pour cette raison, donna un grand développement au commerce de ses vins, malgré les difficultés de transport.

L'Uva di Troja très productive, plus résistante et pouvant mieux qu'aucune autre variété donner des vins possédant les qualités qui viennent d'être indiquées, se substitua aux autres cépages et fut préférée pour les nouvelles plantations.

Le soufre rendit bientôt leur ancienne splendeur à tous les vignobles, mais le commerce des vins de coupage n'en demeura pas moins constant, et dans ces dernières années il s'est étendu aux régions du nord de l'Italie, ainsi qu'aux pays étrangers.

La continuation d'un tel commerce a aujourd'hui déterminé les cultivateurs de l'arrondissement de Barletta à propager seulement ce cépage dans les nouvelles plantations ; et jusque dans la province de Bari et dans celle de Capitanato, où la culture de la vigne s'étend avec une rapidité prodigieuse, on plante des boutures d'Uva di Troja.

Ce cépage, indépendamment des vins de coupage, ne paraît pas susceptible de donner des vins d'une autre nature, car il leur communique toujours une rudesse qui persiste même lorsqu'ils ont vieilli. Beaucoup de producteurs, pour avoir des vins plus légers et plus savoureux, associent le Somarello à l'Uva di Troja. Toutefois le mélange présente toujours les caractères distinctifs de l'Uva di Troja.

Dans les conditions présentes ce cépage forme la base du vin qui a cours dans le commerce sous le nom de *vin de Barletta*, quoiqu'il soit produit dans une foule de localités, tout comme le Neretto est la base des vins de Riposto, et la Nocera, celle des vins de Milazzo, etc.

Il est à remarquer que ce cépage, vigoureux et rustique, n'est pas constant dans les caractères de ses produits ; ainsi, tandis que sur les bords de la mer, dans des terrains en plaine, il donne ces vins de coupage si recherchés, à peu de distance, bien que la nature du terrain ne soit pas sensiblement différente, il donne au contraire des vins moins colorés et moins épais ; peut-être la plus grande élévation au-dessus du niveau de la mer, quoique faible, est-elle la cause de ces variations.

L'Uva di Troja transportée dans l'Italie septentrionale conserve sa fertilité ; mais sa grappe étant assez lâche et avec des grains plus gros, elle est plutôt cultivée pour la table que pour la cuve.

Description. — *Bourgeonnement* précoce, végétation moyennement vigoureuse, à pousses peu nombreuses, mais résistant aux gelées ; ce cépage aime les expositions bien éclairées, un terrain argilo-calcaire et une taille courte. Il est cultivé en vigne plaine, sur souche basse et sans soutien.

La *floraison* est précoce ; la grappe noue facilement ; avant la floraison, elle n'a pas de forme particulière. — *Fructification* abondante et certaine. La *maturité* a lieu dans la 3e décade de septembre. *Sarments* peu rayés, peu gros, durs à la taille, de couleur roussâtre. Nœuds de grosseur moyenne et de même couleur que le sarment. Entre-nœuds courts. Bourgeons tomenteux et saillants. Bourgeonnement cotonneux, blanc laiteux, ponctué de rose; les premières feuilles sont de couleur rouge vineux intense. Vrilles bifurquées, nombreuses, rouges, grêles. *Feuille* moyenne ou petite, d'une couleur vert clair à la page supérieure, qui devient plus foncée à l'automne, consistante, assez rude, rugueuse, peu ondulée, glabre. La page inférieure est tomenteuse, de couleur vert blanchâtre. Elle a cinq lobes réguliers, allongés en pointe ; sinus peu profonds, étroits, arrondis, ouverts ; le sinus de la base est fermé et les lobes sont superposés. Denture petite, aiguë, peu profonde, non crochue, nervures peu saillantes, teintées de rouge à leur insertion. Pétiole moyen, de couleur rouge vineux, grêle. La feuille tombe tardivement. Grappe cylindrique ailée, peu serrée, longue, et de moyenne grosseur ; la rafle n'a pas de couleur spéciale. Pédoncule fort, long. Pédicelles longs, de couleur vert foncé. *Baies* moyennes, sphériques, avec une pellicule transparente, coriace, de couleur bleu foncé, non sujettes à la pourriture; pulpe moyennement charnue, légèrement aromatique, de saveur douce, peu astringente ; graines petites, allongée, de couleur vineuse, avec des ponctuations jaunes.

Analyse du moût. — Glucose 26,07, — acidité 0,47.

Analyse du vin. — Le vin dose jusqu'à 13 % d'alcool, et possède les qualités indiquées plus haut.

FRESA

Synonymes : **Fresia, Freisa, Spanna monferrina**, à Gattinara ;
Spannina, à Ghemme.

Il est bon de rappeler que les dénominations qualificatives de grosse ou de petite que l'on donne souvent à ce cépage, ainsi qu'à beaucoup d'autres, ne sont généralement pas justifiées par des caractères vraiment constants, mais seulement par des variations passagères dues au climat ou au terrain. D'autres variétés telles que la Freisa de Nice dans les environs de Turin, la Fresa mâle ailleurs, n'ont rien de commun avec la vraie Fresa.

Localités où ce cépage est cultivé. — La principale station de la *Fresa* est cette partie des collines du Haut-Montferrat, comprise entre Turin, Gassino, Chivasso, Lavriano, Albugnano, Villanova, Cambiano et Moncalieri ; elle y occupe la place la plus importante, et souvent elle est cultivée à peu près seule.

Aucune autre variété, parmi toutes celles qui ont été expérimentées dans cette région, ne s'est montrée préférable pour la constance et la certitude d'une bonne production. Dans toutes les autres parties du Piémont, de Saluces à Pinerolo, Suse, Ivrée, jusqu'au Lac Majeur, cette variété, si elle n'est pas prépondérante, est au moins connue. Dans quelques parties de l'Astigiano, et même ailleurs, elle tend à remplacer des variétés locales de production moins certaine.

On ne trouve aucune indication sur la Freisa dans les auteurs des autres parties de l'Italie, on doit en inférer qu'elle est d'origine exclusivement Piémontaise. G. B. Croce, joailler du duc de Savoie, en donne une courte description dans son traité sur les cépages de la montagne de Turin, édité en 1600.

Notions générales sur ce cépage et sur ses aptitudes. — Peu de cépages, en Piémont, et peut être aussi ailleurs, ont eu comme la *Fresa* d'aussi chauds défenseurs et en même temps d'aussi ardents détracteurs. Les uns soutenaient que la Fresa est le cépage par excellence, tant par l'abondance de la récolte que par la bonne qualité et la facile conservation de son vin. Les seconds lui contestaient la faculté de donner du bon vin.

L'opinion de ces derniers s'est probablement sensiblement modifiée dans ces derniers temps. Une chose certaine est que l'on consomme à Turin de très bons vins de table produits par la Fresa, vins un peu durs, mais frais, qui sont partout appréciés pendant les chaleurs de l'été et qui sont agréables même aux palais habitués aux vins français les plus délicats.

On doit donc admettre que la Fresa, dans les terrains bien appropriés, donne de bons produits, précieux tant par leur facile conservation, qui n'est niée par personne, que par leur bonté intrinsèque. Ce qui est encore généralement admis partout, c'est la rusticité et la fertilité de la souche qui se développe dans toutes les situations et y donne des récoltes considérables. Mais ces dernières qualités sont précisément celles qui sont l'objet des critiques des détracteurs, parce que quand un cépage est planté aux expositions les plus variées, dans des terrains et dans des localités les plus contraires, il n'est pas possible qu'il donne toujours des produits de bonne qualité : aux expositions les moins chaudes et dans les terrains les moins appropriés, la maturation fera défaut, et la qualité sera sacrifiée à la quantité.

Considérée dans sa végétation, qui se réduit habituellement à des dimensions modérées, la Fresa donne toujours une récolte relativement abondante. Sa maturité tardive est atteinte si non toutes les années au moins dans la majeure partie d'entre elles, surtout dans les terrains calcaires et placés aux expositions qui sont les plus favorables à la culture de la vigne.

Dans les terrains fertiles, consistants ou dans les plaines plus fraîches qui stimulent davantage la productivité naturelle de ce cépage, la récolte, trop abondante, n'arrive pas à maturité. Tout le monde sait, qu'en règle générale, la parfaite maturation de la récolte est en raison inverse de son abondance, surtout dans les situations peu favorables.

De ce qui vient d'être dit surgit à l'égard de la Fresa, plus peut-être que pour aucun autre cépage, la question de savoir s'il est préférable pour un viticulteur d'obtenir une abondante récolte, de qualité même inférieure, plutôt qu'une récolte moins abondante, mais de bonne qualité.

Généralement tous les auteurs recommandent dans leurs publications de rechercher surtout la qualité des produits. En pratique, au contraire, les viticulteurs pris en masse tendent plutôt à l'abondance

Cela est si vrai et de pratique si générale, que pendant que dans la Bourgogne le Gamay, plus grossier, succède souvent dans les cultures au Pinot, plus fin, dans le midi de la France le grenache est bien souvent remplacé par l'Aramon, ainsi qu'on peut le voir dans les publications de cette région. En Piémont, dans beaucoup de localités, la Fresa a succédé au Nebbiolo, surtout depuis l'invasion de l'oïdium, et ses boutures sont plus recherchées que celles des autres cépages de meilleure qualité.

Cette question, qui peut avoir tant de solutions, suivant les conditions locales du commerce, du terrain et du climat des diverses localités, et qui n'est pas la dernière parmi les causes de la grande diversité des vins produits en Italie, est assez préjudiciable à la réputation de la Fresa qui représente, à dire vrai, la partie de l'abondance plutôt que celle de la bonne qualité du produit. Toutefois, même sous le rapport de l'abondance de la récolte, la Fresa a rendu et rend toujours d'importants services à ceux qui la cultivent.

Avant 1850, la commune de Gattinara céda à ses habitants par contrat emphytéotique une grande étendue de terrains incultes, divisée en petites fractions. En peu de temps et comme par enchantement ces terrains furent défrichés et couverts de florissants vignobles par cette laborieuse population; mais leur stérilité et leur situation en plaine ne promettant pas beaucoup de succès à la culture de la Spanna ou Nebbiolo, qui était assez répandue dans les collines environnantes, ils furent complantés en Fresa, appelée

Spanna Monferrina dans cette localité, à laquelle on associa quelques Nespolino et quelques Pignolo.

Peu après survint la funeste maladie qui, pendant plusieurs années, détruisit la récolte des vignobles plantés sur les collines. Dans la plaine, les jeunes plantations de Fresa ne furent pas atteintes, et, dans ces années de disette, elles produisirent de si abondantes récoltes, que les dépenses résultant de l'achat du terrain et de la plantation du vignoble furent en peu de temps largement compensées.

Tout en laissant à chaque viticulteur le soin de déterminer la place plus ou moins grande que ce cépage doit occuper dans la culture, il est toutefois utile de rappeler que pour une bonne vinification, son moût doit être rendu plus moelleux à l'aide de celui d'autres cépages.

Une plantation de Fresa, comme celles qui se font sur les collines de Pecetto, Chieri, Pavarolo, Arignano, Sciolze, etc., dans des bons terrains, peut durer 70 ans environ, et même jusqu'à 100 ans. Dans les années de sa plus grande vigueur, la souche est conduite à taille longue avec 5 sarments et quelquefois jusqu'à 7 de 10 yeux chacun au moins, dirigés obliquement vers le bas et disposés en espalier dans la ligne. Dans les années favorables, elle présente en automne une splendide fructification sur une surface d'un mètre de hauteur, et de la longueur de la ligne entière.

Le marquis Incisa della Rocchetta décrit la Fresa avec assez d'exactitude de la manière suivante : « Excellent raisin de cuve, comme élément de quantité. Seul il donne un vin sec, qui arrive tardivement en maturité ; son moût mélangé à celui de la Bonarda, du Dolcetto et autres cépages analogues, donne un vin de commerce de vente facile. La souche est rustique, et s'adapte facilement à toutes les expositions ; elle est très productive, résiste aux rigueurs des saisons, et son fruit à des qualités suffisantes pour en recommander la propagation. »

Le comte Odart, célèbre ampélographe français, la décrit aussi exactement dans les lignes suivantes : Ses feuilles petites, épaisses et comme glacées, sont nues à leur face supérieure, d'un aspect particulier qui ne permet pas de confondre ce cépage avec d'autres quand on l'a vu une fois. Un de ses traits les plus caractéristiques est, outre l'abondance et la longueur de ses filets, la forme du sinus pétiolaire : les deux côtés du V sont si ouverts qu'ils approchent le plus souvent de la ligne droite. Puis il parle de sa grappe allongée, lâche, portant des grains oblongs, etc. ; on doit noter que la Fresa avait été expédiée au comte Odart sous le nom de Barbera fina, qu'elle portait probablement alors dans quelque localité du Piémont ; aujourd'hui il ne serait guère facile de retrouver ce synonyme.

Description. — *Partie ligneuse*. — Les viticulteurs reconnaîtront la Fresa aux caractères suivants :

Sarments de couleur noisette, un peu rouges, assez robustes, à mérithalles plutôt longs que courts ; bourgeons assez gros et aigus, de couleur plus foncée que le sarment.

Partie herbacée. — *Bourgeonnement* verdâtre, presque glabre ou à peine légèrement tomenteux au sommet, avec les jeunes feuilles quelquefois grillées par le soleil, ou légèrement teintées de rouge ; vrilles généralement bifurquées, assez dures, longues et tenaces une fois qu'elles sont devenues ligneuses.

Feuilles moyennes ou un peu au-dessous de la moyenne, consistantes, de couleur vert clair, glabres sur les deux faces, ordinairement plus larges que longues, avec la denture peu profonde, assez aiguë ; entières ou trilobées, à sinus étroits, celui du pétiole très ouvert. Il présente quelquefois une légère courbure, et c'est là un des caractères spéciaux de la Fresa. Souvent la feuille a les extrémités de ses trois lobes un peu allongées et faisant saillie en dehors du cercle qui la circonscrit.

Grappes cylindriques, ailées, plutôt lâches que serrées, ou mieux avec des interruptions et des vides entre les grappillons. Pédoncule long. Rafle longue et verte ; pédicelles rouges à maturité avancée. *Baies* moyennes ou sur-moyennes, sub-sphériques, ou plutôt légèrement ovoïdes, molles, à pulpe peu consistante et juteuse, souvent gélatineuse, à saveur âpre non agréable, mais vineuse ; pellicule assez résistante, peu sujette à la pourriture, d'un vert clair blanchâtre ou pruineux avant la véraison, puis d'un noir bleuâtre (un peu rouge quand la maturité n'est pas complétement atteinte) et recouverte d'une pruine abondante, presque cendrée.

D'aucuns affirment que l'usage du vin de Fresa engendre facilement la maladie de la pierre de la vessie ; aucune expérience ni aucune donnée statistique ne sont venues confirmer cette hypothèse, qui ne paraît pas fondée.

Analyse du moût (1)

Densité déterminée avec la balance de Mohr........ 1,093 à + 11°
Détermination avec le glucomètre Guyot........... 19,75 à + 11°
   Id   avec le mustimètre de Babo......... 18,00 à + 11°
Acidité pour 1000............................. 19,5

Analyse du vin (2)

Alcool pour cent.............................. 11,1
Acidité fixe pour mille........................ 2,4
  —   volatile » 2,0
  —   totale   » 4,4
Matières extractives par litre, gr............... 25,1
Cendres.................................. 1,8
Bitartrate de potasse 1,41

---

(1) Collines de Saluces. Analyse faite un peu avant la complète maturité, en filtrant le moût sur du papier.
(2) Colline de Rovigliasco (Turin).

TRIBBIANO TOSCAN

ou

TREBBIANO FLORENTIN

Synonymes : **Procanico**, Ile d'Elbe, Sienne, Porto S. Stefano. — **Ugni blanc**, dans le midi de la France et spécialement dans la Provence. — **Roussan**, à Nice.

Localités où ce cépage est cultivé. — Le *Trebbiano* est une variété généralement cultivée dans toute la Toscane, notamment dans la Province de Florence. Elle est ordinairement associée à d'autres variétés qui concourent avec elle dans la fabrication du vin, dans le but de le rendre plus léger et plus vif que celui produit par le Canaiuolo et le San Gioveto qui forment la base des vin florentins. Mais l'expérience a démontré que l'association de Trebbiano n'est pas avantageuse pour les vins qu'on veut conserver, parce qu'ils acquièrent, en vieillissant, de la dureté et perdent, en même temps que leurs qualités, leur belle couleur rubis.

Aujourd'hui on emploie de préférence la Malvoisie, comme cela se pratique dans le Chianti, d'où proviennent des vins délicats et moelleux, pourvus de cet arome spécial et caractéristique de cette région viticole privilégiée et si renommée.

Notions générales sur ce cépage et sur ses aptitudes. — Le *Trebbiano* est cultivé de temps immémorial en Toscane, et de même que les autres variétés de cette région, il préfère être conduit en hautain et soutenu par des arbres. Toutefois, parmi les cépages Toscans, c'est celui qui, mieux qu'aucun autre, peut être maintenu sur souche basse et avantageusement cultivé en vigne pleine. Taillé à long bois, il fructifie abondamment ; taillé court, c'est-à-dire à deux yeux, il donne des grappes moins nombreuses, mais plus volumineuses et plus développées ; et quand il est bien cultivé et placé dans un terrain qui lui convient, sa production est vraiment merveilleuse.

Le Trebbiano a une végétation très vigoureuse et un port remarquable. Son débourrement est tardif. Il est résistant aux intempéries, mais sujet à l'oïdium, dont quelques soufrages bien faits suffisent à le débarrasser complétement. Le floraison est tardive, la grappe noue facilement et la fructification est certaine. La maturation du fruit a lieu tardivement, dans la première décade d'octobre. Dans la culture mixte, il est habituellement cultivé en lignes, dirigé à toute hauteur sur des arbres, ou maintenu sur souche basse pourvue d'un échalas sec.

Il est certain que le Trebbiano florentin est parfaitement identique à l'Ugni blanc du midi de la France, et il y a tout lieu d'admettre qu'il y a été introduit aux temps de Pétrarque, pendant lesquels les relations entre l'Italie et la Provence furent certainement plus fréquentes qu'à aucune autre époque.

Au milieu de la grande diversité des cépages qu'on observe toujours de territoire à territoire et qui est due non-seulement aux modifications que subissent ces mêmes cépages sous l'influence du climat ou du terrain, mais à des différences vraies et durables qui les distinguent les uns des autres, cette identité est aujourd'hui bien reconnue, car l'Ugni blanc porté en Italie se confond tout à fait avec le Trebbiano.

A Nice le même cépage est appelé *Roussan* à cause de la couleur jaune dorée qu'il acquiert à parfaite maturité, tardivement, ou aux bonnes expositions ; il est ainsi très joli à voir.

Dans le territoire de Saluces, le Trebbiano atteint dans les bonnes années cette coloration qui est encore plus vive que dans l'Erbaluce, et placé à côté du Roussan de Nice et de l'Ugni blanc, il se confond avec eux.

Description. — *Partie ligneuse.* — *Sarments* d'une belle couleur vert clair, vive à l'état herbacé, d'une belle couleur noisette à l'aoûtement, gros, bien développés, rugueux, striés, rayés et ponctués. *Entre-nœuds* longs, de 8 à 10 centimètres, avec les nœuds relevés. *Bourgeons* non tomenteux, saillants, acuminés.

Partie herbacée. — *Bourgeonnement* cotonneux, de couleur vert clair, avec les jeunes feuilles moyennement développées légèrement teintées de couleur violacée. Vrilles bifides et quelquefois trifides, grêles, rayées de couleur verte plus claire. *Feuille* quinquelobée, grande, de couleur vert clair, luisante, douce au toucher, consistante, rugueuse, ondulée, boursouflée, irrégulière et souvent pliée en cornet. *Sinus* peu profonds, elliptiques et ouverts sur les bords. *Page* supérieure glabre, page inférieure recouverte d'un duvet aranéeux, épais, articulé, qui lui donne un aspect grisâtre, avec les nervures principales saillantes, grosses, d'un vert très clair ; nervures secondaires très ramifiées et réticulées. *Sinus* de la base à demi-fermé par la superposition des lobes. *Denture* large, assez détachée, avec les dents plus grandes obtuses, crochues et mucronées, les plus petites peu profondes et aiguës. *Pétiole* aussi long que la nervure médiane, légèrement strié et en partie coloré en rose. La feuille se teinte en jaune à l'automne. Grappe de grosseur moyenne, allongée, cylindrique, ailée, peu serrée et même quelquefois lâche. Rafle robuste, longue. Pédicelles longs, d'une couleur verte très claire. Baies de forme sphérique, de moyenne grosseur, avec une mince pellicule coriace et peu pruineuse, de couleur jaune ambrée, et quand elle est exposée au soleil de couleur rosée, reluisante, très transparente, et se conservant très bien. Pulpe juteuse, à saveur simple, douce, légèrement acide. Graines de une à trois.

Analyse du moût. — Les analyses du moût ont été effectuées conformément avec instruction du Comité central ; pour déterminer le glucose contenu dans le moût, on a fait usage de la liqueur de Fheling, et pour doser l'acidité, de la liqueur titrée de Babo.

Voici la moyenne des analyses répétées pendant trois années sur 100 centimètres cubes de moût, obtenu dans les mêmes conditions de terrain, d'exposition et de taille :

Densité....................... 108 = 20.3
Glucose............................... 20.3
Acidité en acide tartrique............. 7.2

Vin. — La grappe de cette variété est généralement utilisée en Toscane pour la fabrication du vin de dessert appelé vulgairement *vinsanto;* dans ce but, on doit la faire passeriner pendant longtemps sur des claies; elle se conserve bien. On l'emploie encore pour faire le vermouth toscan.

Anciennement, on faisait en Toscane, avec le raisin du Trebbiano, un vin blanc doux spécial appelé Trebbiano doux.

SOMARELLO NERO ou SOMARIELLO

Synonymes : **Mandonico** et **Mondonico** à Montemesola et dans d'autres localités de la province de Lecce.

Localités où ce cépage est cultivé. — Ce cépage auquel on donne indifféremment les noms de *Somarello* ou de *Somariello* est assez cultivé dans la province de Bari, surtout dans l'arrondissement de Barletta. Aujourd'hui, sa culture est répandue dans les provinces de Foggia et d'Avellino. Il n'a pas été possible de découvrir l'origine de ce cépage, qui est connu et cultivé depuis très longtemps dans le territoire de Barletta.

Son nom paraît lúi avoir été donné à cause de sa grande production. Ses sarments se chargeant de fruits d'une façon extraordinaire, on les a comparés à l'âne, appelé *Somaro* dans le pays, et on lui a donné le nom de Somarello ou Somariello.

Bien qu'il soit cultivé dans ces régions depuis une époque indéterminée, sa culture ne s'est pas étendue, excepté dans ces dernières années, c'est-à-dire quand le commerce des vins de coupage fit éliminer plusieurs variétés qui ne pouvaient être utilisées dans ce sens, et augmenter la culture de celles répondant mieux aux nouvelles exigences du commerce de la région.

Le Somarello n'intervient pas seul dans la vinification, mais on le mélange dans des proportions diverses avec l'Uva Troja, dans le but de modifier certaines qualités du vin et de le rendre plus sapide. En effet, quoique le vin produit exclusivement par l'Uva Troja soit, tant par sa richesse alcoolique que par sa coloration, un bon vin de coupage, il est cependant amélioré par l'addition de Somarello, surtout par le goût que ce dernier est susceptible de lui communiquer.

On ne peut assurer en aucune façon que le Somarello non mélangé à d'autres variétés n'est pas apte à donner du bon vin, l'expérience ayant plutôt montré le contraire. Toutefois, comme dans les localités indiquées précédemment et notamment à Barletta, les vins sont vendus à des prix d'autant plus élevés que leur coloration est plus intense, l'Uva Troja est plus largement cultivée, sauf à la mélanger à d'autres variétés.

Notions générales sur ce cépage et sur ses aptitudes. — Le Somarello Nero débourre tardivement, sa végétation est vigoureuse, buissonnante, mais il est peu résistant aux gelées et à l'oïdium. Il aime les expositions chaudes et les terrains argilo-calcaires ; toutefois il végète encore assez vigoureusement dans les terrains en plaine. Il est cultivé en vigne basse exclusive et sans soutien ; ou bien on le trouve associé avec l'olivier : dans ce cas, le vignoble représente une culture de transition. Comme il est maintenu sur souche basse, il est taillé court. Il fleurit tardivement. Sa grappe avant la floraison ne présente ni une forme ni une coloration particulière. Elle noue facilement ; la fructification en est certaine et abondante. La maturité a lieu dans les premiers jours d'octobre. Le Somarello est utilisé seulement pour la cuve ; il est moyennement cultivé.

Description. — *Partie ligneuse.* — Les sarments sont presque lisses, tachetés, peu gros et de taille facile, de couleur roussâtre, mais non uniforme. Les nœuds ne sont pas très gros ni diversement colorés. Les entre-nœuds sont courts, les bourgeons saillants et non tomenteux.

Partie herbacée. — Le bourgeonnement est cotonneux, verdâtre, bordé de rose. Les vrilles sont nombreuses, fortes, bifides, roussâtres. La feuille est moyenne, de couleur vert foncé à la page supérieure, et vert clair à la page inférieure ; elle jaunit légèrement à l'automne ; elle est mince, moelleuse, lisse, aplatie, avec quelques poils rares et courts à la page supérieure. Elle a cinq lobes un peu irréguliers, allongés en pointe ; les sinus sont elliptiques, moyennement profonds, fermés, le sinus de la base est également fermé. Denture large, obtuse, très peu profonde , rarement crochue. Nervures saillantes, non colorées en rouge à leur point d'insertion. Pétiole court, grêle, de couleur vineuse. Les feuilles tombent tardivement. Il est à remarquer que les feuilles sont presque toujours repliées, ainsi qu'on peut le voir dans la Planche correspondante. — *Fruit.* Grappe cylindrique, ailée, peu serrée, très allongée et grosse. Pédicelles longs, de couleur vert clair. Baies moyennes, parfaitement sphériques ou sub-sphériques. Pellicule luisante, mince, pas très dure, de couleur noir roussâtre, non sujette à la pourriture. Pulpe moyennement charnue, de saveur douce, légèrement astringente, un peu aromatique. Graines très petites, allongées, de couleur vert foncé.

Moût — Glucose, en moyenne de 22 à 28,84 %, suivant les localités. Acidité : 0,57 %.

RABOSO DI PIAVE

Le docteur Benedetti lui donne comme synonymes : la *Cruaja* du Vicentino et le *Priulara* des environs de Padoue.

Localités où ce cépage est cultivé. — Cette variété est cultivée spécialement dans la plaine située au-dessous des collines des environs de Conegliano, entre le Piave et la Livenza jusqu'à peu de distance de la mer. Dans les terrains caillouteux des communes de Vazzolla et Mareno, elle est cultivée presque seule. Son vin, par son âpreté, sa couleur et son parfum spécial de griotte, est assez recherché dans les provinces de Trévise, de Venise et dans quelques localités des environs de Padoue, pour rehausser le corps et la saveur des vins peu agréables et riches en couleur.

On obtient depuis peu à San Polo, avec du vin de Raboso trop âpre corrigé par le Pinot, un mélange plus agréable et de vente plus facile, qui en indique une amélioration considérable.

Notions générales sur ce cépage et sur ses aptitudes. — Il est surtout cultivé à taille longue en laissant tomber naturellement les sarments fructifères des mûriers ou des érables, hauts de 2 à 3 mètres; ou bien ses rameaux entortillés forment des guirlandes d'un arbre à l'autre. On a aussi essayé de le cultiver en vigne pleine, soutenu par un échalas sec, ou taillé à branche à fruit de la longueur de 60 centimètres à 1 mètre environ et avec un éperon; on en a obtenu de bons résultats. Marié aux arbres, il commence à fructifier seulement après 8 ou 9 ans, tandis qu'en vigne pleine il donne des fruits dès la 4e ou la 5e année.

Le vin qu'on en obtient est considéré comme assez résistant, non à cause d'une forte alcoolicité, mais seulement par suite de la grande quantité de crème de tartre et d'acides qu'il contient. Conservé au-delà de 10 ans, il se décolore dans les bouteilles, de façon à ressembler à du vin blanc. Les plus riches familles du lieu de production, entre le Piave et la Livenza, en possèdent dans cet état de décoloration, mais rarement bien conservé.

Ce vin avait autrefois une plus grande importance qu'aujourd'hui; actuellement encore le vin rouge commun le plus populaire de la Vénétie et de Trévise est le *vin de Conegliano*, composé d'un mélange du vin des plaines basses avec le *Raboso* des communes de Conegliano, Mareno et Vazzolla.

De tels vins ont été bien appréciés à l'étranger, et dans les caves des riches anglais on trouvait encore, il y a peu d'années, des bouteilles de ce vin, qui avaient été données par les derniers ambassadeurs de la République de Venise.

Dans la collection ampélographique du comte de Rovasenda, à Verzuolo, dans la province de Cuneo, on n'obtint pas de bons résultats de la culture du Raboso; par rapport aux autres cépages il ne donna qu'une petite quantité d'un moût âpre et acerbe.

La principale propriété qui le fait apprécier est la grande résistance à la coulure et à la pourriture, aussi est-il vendangé ordinairement dans la seconde moitié d'octobre et quelquefois dans les premiers jours de novembre sans beaucoup souffrir des pluies d'automne.

Par suite de la précocité de son débourrement, il est assez sujet aux gelées. Le *Peronospora* fit de si grands ravages en 1880 et en 1883, qu'il resta pendant deux mois complétement privé de ses feuilles, alors que la souche avait encore toutes ses grappes.

Il ne possède pas, comme d'autres cépages, la propriété de développer des bourgeons secondaires; aussi, tandis qu'en 1883, dans les mêmes circonstances, le *Cabernet* dosait encore 15 °/₀ de glucose et le Pinot 19 °/₀, le Raboso ne s'éleva pas au-dessus de 12 °/₀. Il résiste assez bien à l'oïdium, par suite de la ténacité de la pellicule de la baie.

La grappe est plutôt charnue, avec une rafle bien développée, aussi faut-il 180 kilos de raisins pour obtenir un hectolitre de moût.

Dans les bons terrains, le Raboso se développe assez bien ; il dure jusqu'à cent ans et donne parfois des récoltes très abondantes, mais cette abondance exclut ensuite la constance de la production. Dans certaines régions des provinces de Trévise et d'Udine, la culture de cette variété est devenue si incertaine et si peu rémunératrice qu'on la remplace par les vignes américaines.

Le prix du vin de Raboso s'est toujours maintenu assez élevé dans ces dernières années, de 65 à 105 fr. l'hectolitre la première année. Ce haut prix tient à une faible production par rapport à la demande dont il est l'objet, pour donner du corps, de la couleur et du parfum à d'autres vins, plutôt qu'à ses qualités intrinsèques. Aux environs de Conegliano on cultive deux variétés de *Raboso*, l'une à rafle verte, l'autre à rafle rouge (peccol rosso). Le Raboso à pédoncule rouge paraît se distinguer du Raboso à pédoncule vert, par la forme de la grappe, par ses grains plus petits, non sphériques mais un peu ovales. Il contient plus d'œnocianine et donne un vin plus fin, mais il est moins productif. A Bagnoli, dans le territoire de Padoue, le Raboso à rafle verte est cultivé sur une assez grande étendue sous le nom de *Friulara*.

Dans le voisinage de Conegliano, de récentes expériences ont démontré que la culture du *Pinot*, du *Cabernet*, du *Malbec*, en vigne basse, est plus avantageuse que celle du Roboso, parce qu'ils mûrissent chaque année et donnent un vin de meilleure qualité.

Description. — *Partie ligneuse*. — Sarments plutôt longs, rayés, mais lisses au toucher, un peu renflés aux nœuds et de couleur roussâtre ; entre-nœuds de longueur moyenne, quelques fois très longs, avec des bourgeons un peu saillants et tomenteux.

Partie herbacée. — Bourgeonnement très peu coloré, vert pâle presque blanchâtre, blanc-laiteux à la page inférieure de la feuille ; vrilles nombreuses et souvent colorées en rouge foncé.

Feuille complète de dimensions variables, plutôt grandes que moyennes, de couleur vert pâle, qui passe au rouge en automne, mince, consistante, rude, rugueuse et ondulée ; la page supérieure est glabre, l'inférieure est tomenteuse et de couleur verte assez claire. Les feuilles sont généralement trilobées ; beaucoup cependant tendent à être entières. Les lobes sont réguliers, peu allongés, les sinus sont peu profonds, mais plutôt larges et ouverts en général, le lobe de la base est également ouvert. La *denture* est large, bien marquée et arrondie, terminée cependant en pointe. Les *nervures* sont relevées et de couleur vert clair. Le *pétiole* est moyen, quelques fois assez long, il est gros et d'une légère couleur rouge quand les feuilles sont sur le point de tomber, c'est-à-dire vers la fin de l'automne, quand elles ne sont pas attaquées par le Peronospora. La *grappe* est légèrement conique, ailée, serrée, de grosseur et de longueur moyennes, mais plutôt grande. La rafle est grosse et ordinairement colorée en vert ; dans une sous-variété elle est roussâtre. Le *pédoncule* est fort, de grandeur moyenne ; les pédicelles sont courts et d'abord colorés en vert, puis ils prennent une teinte rouge au moment de la maturité. Les *baies* sont de grosseur moyenne, arrondies ; mais comme elles sont assez serrées, elles n'ont pas de forme constante. La *pellicule* est pruineuse, épaisse, résistante et de couleur noir bleuâtre ; la grappe ne pourrit pas, même lorsqu'elle est exposée aux longues pluies d'automne. La pulpe est charnue et à saveur simple, acide par suite de la présence des acides libres, parce que la grappe arrive rarement à maturité complète. Toutefois son vin a un goût bien marqué de griotte, qui le fait rechercher et payer assez cher par les hôteliers.

Les graines sont au nombre de 2 à 4.

Moût. — Acidité 15 à 22 p. °/₀₀, s'abaisse rarement jusqu'à 10 p. °/₀₀
Glucose 15 à 19 p. °/₀. Ainsi, pour faire du bon vin avec ce cépage, il faut souvent lui ajouter du sucre.

Vin. — Alcool en volume................ 8 à 11 p. °/₀
Acidité .... 12 à 20 p. °/₀₀

Caractères du vin. — *Ses qualités et ses défauts.* — Le vin, malgré sa faible alcoolicité, se conserve assez bien, et la Société œnologique de Conegliano met en vente depuis très longtemps de grandes quantités du même vin conservé pendant 7 ou 8 ans. Les comtes de Papadopoli en possèdent aussi de très bien conservé dans leur établissement de S. Polo di Piave. Les propriétaires le vendent dès la première année ou à la deuxième année au plus tard, car, pour rehausser la valeur organoleptique des vins auxquels on le mélange, il doit être employé à l'état jeune.

Ce vin pèche par une acidité excessive, il peut être facilement conservé sans beaucoup de soins. S'il prend souvent des défauts, cela est dû uniquement aux celliers, qui sont peu soignés et toujours hors de terre, et aux vases vinaires à douelles trop minces et mal construits (1).

---

(1) J'adresse ici tous mes remercîments à M. Alloisi, élève de l'École d'Agriculture, pour le bienveillant concours qu'il m'a prêté dans la traduction de ce travail. — T.

Montpellier, imprimerie Grollier et fils, boulevard du Peyrou, 7 et 9